职业教育学前教育专业教材

SHOUGONG
CHUANGYI
JIAOCHENG

手工创意教程

总主编 郭爱民
主　编 赵红绘
副主编 马培 范帆
　　　 杨宁 郭依涵

河南大学出版社
HENAN UNIVERSITY PRESS
·郑州·

图书在版编目（CIP）数据

手工创意教程 / 赵红绘主编. —郑州：河南大学出版社，2017.7（2022.8 重印）
ISBN 978-7-5649-2967-1

Ⅰ. ①手… Ⅱ. ①赵… Ⅲ. ①手工课 - 学前教育 - 教学参考资料 Ⅳ. ① G613.6

中国版本图书馆 CIP 数据核字 (2017) 第 171758 号

责任编辑　郑　鑫
助理编辑　李亚涛
责任校对　柳　涛
整体设计　陈盛杰

出版发行	河南大学出版社
地　　址	郑州市郑东新区商务外环中华大厦 2401 号
邮　　编	450046
电　　话	0371-86059750　0371-86059701（营销部）
网　　址	www.hupress.com
排　　版	郑州市郑东新区大艺图文设计商行
印　　刷	郑州市运通印刷有限公司
版　　次	2017 年 9 月第 1 版
印　　次	2022 年 8 月第 5 次印刷
开　　本	787mm×1092mm　1/16
印　　张	10.25
字　　数	147 千字
定　　价	42.00 元

（本书如有印装质量问题，请与河南大学出版社营销部联系调换）

目 录

序　言 ………………………………………… 001

项目一　　走进手工艺术 …………………… 001
任　务　一：认识手工 ………………………… 002
任　务　二：如何欣赏手工艺术 ……………… 004

项目二　　纸艺的魅力 ……………………… 009
子项目一：纸艺制作准备 ……………………… 010
子项目二：神奇折纸 …………………………… 018
子项目三：创意剪纸 …………………………… 040
子项目四：魅力衍纸 …………………………… 052
子项目五：纸艺妙想 …………………………… 060

项目三　　趣味黏土艺术 …………………… 069
子项目一：黏土制作准备 ……………………… 070
子项目二：美丽的花园 ………………………… 081
子项目三：动物晚会 …………………………… 093
子项目四：卡通人物 …………………………… 100

项目四　　创意手工艺术 …………………… 117
子项目一：小叶子大变身 ……………………… 118
子项目二：橡皮图章 …………………………… 128
子项目三：纱线艺术 …………………………… 137
子项目四：变废为宝 …………………………… 146

序 言

在科技越来越发达的今天，机器、电子产品以及各种信息化带给人们许多生活上的便捷与舒适，但又似乎越来越远离我们的个性情感和本能的生活方式。现在是个经济发达、物质丰富的时代，审美素养对每个人来说都非常重要，它可以提高人的素质，规范人的言行，提升人的生活品味，树立良好的社会风气。高水平的手工理论和创作技能在现在的学习和未来的工作中可以更好、更贴切地发挥美术的教育作用。

手工创作是人类社会生活的一种特殊形式，通过有目的的手工创作，可以让手工创作者达到精神上的满足；手工创作在实际生活中也有较强的实用性，可以服务于我们生活的方方面面。

一张小小的纸片、一块不起眼的泥巴、一根干枯的枝条都能在人们的无限想象、创意以及双手的细细琢磨把玩中带来"空间似止水，形式如音乐"般的美感享受和满足。对于学前教育专业的学生来说，手工创作是必须掌握的基本技能，具备一定水平的理论知识和技能尤为重要，基于当前院校学前教育专业学生的理论基础、接受能力以及有限的教学安排，我们组织长期工作在教育一线的教育工作者编写了这本教材。

本书从项目化教学入手，全书分为"走进手工艺术""纸艺的魅力""趣味黏土艺术""创意手工艺术"四个大的教学项目，每一阶段都有明确的任务目标，同时又将审美意识贯穿全局。通过任务的完成，使学生掌握手工创作的理论知识和操作技能；同时，通过任务的完成过程，将学生创造思维和实际能力的培养紧密结合，充分激发学生的学习热情和兴趣。

走入手工的世界，你能触摸和感受到一个充满无穷魅力的神奇之旅。

由于编者水平有限，经验不足，书中难免存在疏漏和错误，恳请广大读者给予批评指正。

编　者
2017 年 6 月

项目一 走进手工艺术

知识目标：

1. 认识手工艺术。
2. 了解生活中的手工艺术。

能力目标：

1. 会欣赏手工艺术。
2. 能合理地表述如何欣赏手工艺术。

项目分解：

任务一：认识手工。
任务二：如何欣赏手工艺术。

手工创意教程

图 1-1　手工室内装饰效果图

任务一　认识手工

一、什么是手工

提起手工，我们对它并不陌生。从剪纸、木版年画、风筝、蜡染、刺绣、木雕，到乡村里蒸的花馍、酿的黄酒、擀的面条，都是手工做出来的。与此同时，手工艺术对于我们很多人来说，又是那么陌生。从前辈那里听来的片断，旅游中偶然发现的手工艺人，都市的某条街道上突然开出的手工品小店，书摊上带有猎奇却又颇有感伤的书籍，荧屏上播放的电视节目，酒吧里刻意强调的手工风格等都与手工有关。究竟什么是手工呢？

手工指非机器设备批量生产而是由人以双手为主，按照一定的构思和工艺程序对物质材料进行加工改造，创造出具有实用性或观赏价值的手工艺品的造型活动。如纸艺、布艺、陶艺、根艺、盆景、泥玩、刺绣、编结、皮影、金石工等。

在工业化刚刚兴起时，"手工"一词一度成为生产率低下、

项目一　走进手工艺术

图 1-2　手工咖啡杯垫制作过程

质量参差不齐的代名词。然而，在当今工业生产高度发达的年代，人们逐渐厌倦了由工厂流水线生产出的毫无差别和特色的产品，手工制品带着情感个性在生活的方方面面又恢复了无限的活力。

二、手工艺术在我们的生活中

　　德国艺术家波伊斯曾说过："人人都是艺术家。"当代艺术理念把艺术从高不可攀的艺术圣殿拉回到我们平常老百姓的生活中。尤其是手工艺，它就在我们日常生活的点点滴滴、方方面面。许多手工艺就是用生活中的普通材料体验艺术创造的过程。让我们欣赏一下现代人的手工作品在生活中的运用，让我们一起走近艺术，创意生活吧！（见图 1-1，1-2，1-3）

图 1-3　手工项链制作过程

任务二
如何欣赏手工艺术

当今，人们越来越注意提高自己的生活质量。一个人的生活质量包括物质生活与精神生活两个方面，二者缺一不可。在精神生活方面，艺术欣赏是很重要的一项内容。人们要看戏、看电影、看电视剧，要听音乐，要看画、看书法、看雕塑……这些都是艺术欣赏活动。艺术美是在现实美（包括自然美与社会美）的基础上，按照作者的理想与愿望，进行加工和创造的结果，它是人类智慧与创造的结晶。艺术美往往比现实美更加强烈，更加集中，也更富魅力。人们通过对优秀艺术作品的欣赏，可以获得丰富的美感享受，可以愉悦心情，陶冶情操，净化灵魂。同样，对手工艺术的欣赏也是与人们生活紧密相连的一大乐事，它是提高人们生活质量的一个重要因素。那么我们如何欣赏你我身边的手工艺术呢？

一、欣赏艺术不可浅尝辄止

艺术欣赏是一种审美活动，也是一种复杂的、特殊的心理活动，包括对欣赏对象的感觉、知觉、理解、思考以及联想、想象等认识过程，同时包括与认识过程相伴随的主观方面的感受情绪和情感活动。在这种欣赏过程中，感受是极为关键的一环，只有有了准确、敏锐、充分的感受，才能把握艺术作品在感情形式和形象上的特点，从而在头脑中形成鲜明、独特的印象。艺术欣赏者对艺术品的第一个印象，也称"艺术的初感"，非常重要。因为它对人的感觉器官是一种新鲜的刺激，感受最为敏锐和深刻。有时候欣赏者一听某一首歌曲就喜欢上了，第一眼看到某一幅画就被深深吸引住了，就是这个道理。

然而，艺术欣赏又不能满足于"艺术的初感"。真正的艺术欣赏并不是浮光掠影或回眸一瞥可以领略以尽的。不少艺术品并不是一下子就能接触到它的真谛。首先，它需要欣赏者对审美对象的稳定注意。比如说，您看一出戏剧的演出，必须坐下来全神贯注，进入剧情中去，如果心不在焉，思绪旁骛，就很难领略剧情的内容及其内在的意蕴。京剧之所以用开场锣鼓来镇场，也就是为了让观众尽早地进入稳定注意的阶段。稳定的注意，指欣赏者的注意有一定的趋向，感觉、知觉、记忆、思索等思维活动指向并集中于一定的对象。其次，这种注意有一定的持续性和稳定性，看一场戏一般说要持续几十分钟。这种稳定的注意状态，有助于欣赏者对审美对象发出的信息有效而完整地接收。

想真正领略一部艺术作品的美，需要一个反复感受的过程。罗丹说过："美是到处都有的。对于我们的眼睛不是缺少美，而是缺少发现。"要发现美，往往得反复地感受。

另外，艺术的审美活动，还是一个不断深入，不断深化的过程。艺术欣赏主要是形象思维的活动，也可以说是感情的活动，在对客观的美的认识过程中，伴随着主观的情感反应，或满意，或愉悦，或喜悦。然而，审美过程也渗透着理性的活动，感受了还要进而理解，理解了才能有更深的感受，这时美感才会更完整，更深刻。德国戏剧大师布莱希特主张对戏剧的间离效果，也就是要求观众在看戏时能有理性的思考。而这种理性的思考，往往能推进审美活动的深化。比如，我们欣赏贝多芬的第五交响曲（命运交响曲），当然欣赏者的心弦首先被乐曲中那个命运敲门声的音乐动机所震撼，但是如果结合贝多芬"我要扼住命运的咽喉，他不能使我完全屈服……啊！能把生命活上几千次该有多美啊"的话语，进行理性思考，那么就能更深刻地把握作品中英雄意志战胜宿命论、光明战胜黑暗的深邃意蕴。

文艺作品往往形象大于思想，如果欣赏者不加理性思考，那么很难完整地感受艺术作品体现出来的美。莎士比亚笔下的哈姆莱特，其性格特征究竟是什么，至今还争论不清，故有"一千个读者，就有一千个哈姆莱特"的说法；还有达·芬奇的名画《蒙娜丽莎》中主人公那微妙的笑容，究竟意味着什么，也是众说纷纭，争论了几百年至今还没有一个统一的结论。

在艺术欣赏过程中，感受与理解是互相结合的，它们之间存在着彼此制约、渗透、互相诱发、促进的关系。欣赏艺术首先要有充分的感受，同时要从感性的体验上升到理性剖析，运用抽象思维来把握事物之间的内在联系，从而认识事物的本质。这样才能在更高层面上领悟艺术创作的美学价值、思想价值和认识价值。因此，整个艺术欣赏过程就是一个由浅入深、由表及里的过程。这些都说明了作为一个欣赏者值得注意的问题：艺术欣赏不能浅尝辄止。

二、从看热闹到看门道

俗话说："外行看热闹，内行看门道。"我认为，看热闹也好，看门道也好，都属于艺术欣赏活动。但是，看热闹还只是艺术欣赏的初级阶段，看门道才是进入了艺术欣赏的高级阶段。因为看热闹只停留在艺术的表象方面，其艺术感受比较肤浅，没有深入到艺术肌体的奥秘之处，不可能领略到艺术的深刻内涵与真谛。看门道则进入艺术肌体的深层次，触摸艺术创造的某些规律，此时的艺术感受比较深刻，获得的美感享受也更加丰富。这时欣赏者的感受与理解往往是相互伴随的，感受的时候掺杂着分析，分析的时候又须反复感受。它们彼此制约、渗透，相互诱发、推动，不断地由浅入深、由表及里，逐步剔除感受中的不确切成分，把握住作品的本质特征，从而对作品的美学价值做出正确的评论。

对一般欣赏者来说，看看热闹亦无不可。然而，如果真正想通过艺术欣赏获得知识哲理、美感享受和精神滋养，那么不能仅仅停留在看热闹的阶段，而是要向看门道的阶段转化。从看热闹到看门道，从外行到内行，其间并没有一道不可逾越的鸿沟。有不少业余艺术爱好者，他们从看热闹开始，慢慢成为看门道的行家。在京剧界，还有不少知名的艺术家是票友出身，比如孙菊仙、余叔岩、俞振飞等开始都是业余京剧爱好者、票友，后来成了大师级的艺术家。

首先，要加强艺术修养，不断进行艺术欣赏活动，积累欣赏经验，逐步熟悉艺术的内容、形式及特征，掌握艺术的规律。刘勰在《文心雕龙·知音》中说："凡操千曲而后晓声，观千剑而后识器。"操千曲，观千剑，一方面有了比较、鉴别的材料，另外，也可从中归结出一些普遍性的规律，这样就有助于我们正确认识和评价具体的文艺作品。

据说，王维有一次在洛阳招国坊庚静修处看见一幅色彩鲜丽的壁画。这幅画题为《按乐图》，画一群乐工正在聚精会神地演奏一支乐曲。王维被画深深吸引住了，边点头边称赞，有人问他为何如此兴致勃勃，王维说，这幅壁画乍一看很平常，没有什么可称道的，也没有什么明显的特色，但如果仔细看，就会发现，它很不一般，它不仅准确地表现了乐工们正在演奏什么乐曲，而且还表现了正在演奏曲子的第几叠第几拍。人们凑过去仔细观看，仍然没有看出个所以然，王维便告诉他们，演奏的是《霓裳羽衣曲》，是这支曲子的第三叠第一拍。大家不大相信，于是有几个好事者很快请来一队乐工，当场演奏《霓裳羽衣曲》，当演到第三叠第一拍时，人们对照这幅画一看，不由大吃一惊，原来乐工的手和口在乐器上的位置以及动作姿势，果然与壁画上的形状一模一样，丝毫不差。原来王维不仅是诗人、画家，而且对音乐也很精通，早年曾作过主管音乐的大乐丞，如果他对音乐不精通，就无法做出正确的判断。

其次，还要多观察、分析生活，积累丰富的生活经验和生活体验。因为任何文艺作品都是生活的反映，生活是文艺创作的源泉。如果说，文艺作品是一面镜子，那么生活就是镜子观照的对象。你不熟悉镜子反映的对象，就很难判断出镜子反映得是否正确。只有对生活有深刻的理解，有真知灼见，才能正确认识文艺作品反映生活的深度和广度。据说宋朝大文学家欧阳修得到一幅古画，画的是一丛牡丹，牡丹下面有一只猫。欧阳修不知是否真的古画，有一天他的亲家吴正肃丞相来访，他对古画很有研究，因此欧阳修请他鉴别。他仔细地看了又看，说："这确是一幅古画，画的是正午牡丹。"欧阳修问道："你怎么知道的呢？"吴正肃指着画说："你看，这花瓣是张开的，中午阳光强烈，花的颜色都是干巴巴的。"接着又指着画上的猫说："再看这只猫的眼睛，瞳孔眯成一条线，这正是正午猫的瞳孔。"这位评论家正是运用他丰富的生活经验，对作品做出了准确的评价。因此，一个欣赏者要真正能够看出艺术作品的门道，离不开丰富的生活经验。不是每一个人都能成为艺术家，但每个人都能成为艺术的欣赏者。

三、了解手工艺术的特点

手工艺术从属于美术学科，更强调造型媒材自身特点的发挥与利用。

1. 造型性

造型性是手工制作的本质特征。手工造型是在造型、结构、设色、物肌等方面运用美的原理和法则进行构思与设计，以其固有的、具体可感、可触的形态诉诸视觉和知觉，在三度空间里创作出具有实在物质性的艺术形象，是手工作品的最基本特征。

2. 视觉性

视觉性或称直观性，手工造型具有更容易吸引人的眼球，引起欣赏者的注意力的特点。观察到具体的艺术形象，从中获得审美感受。

3. 物质性

不同的物质造就不同的视觉感受。手工是基于具体的物质材料，让人感受到材料的材质肌理的表现力度，发挥质感。

4. 空间性

作品的形象塑造、情感表达、艺术思想等都是在特定的空间里完成并得以实现的。

四、手工艺术的欣赏与评价

1. 适用

适用指手工制品的用途应具有实用和适用功能。

2. 经济

经济指以最小的物质消耗获取最大的效能。

3. 美观

手工形象表现要具有艺术性和感染力，外形处理和装饰要符合形式美的规律。

4. 创新

要具有新颖性和创新性，在设计理念、形象塑造、材料发掘、技术革新等方面或某一方面有所突破。

对手工艺术的坚守，不仅体现了手工的魅力，也默默地阐释了工匠精神。

让我们开启自己的手工艺术之旅吧！

项目二 纸艺的魅力

子项目一：纸艺制作准备
任务一　与纸艺的初识
任务二　纸艺创作中的各种材料及工具

子项目二：神奇折纸
任务一　初探折纸艺术
任务二　折纸中常用的基本技巧
任务三　后花园里的最萌和最美
任务四　纸娃娃和爸爸的衬衫
任务五　我们的小玩意

子项目三：创意剪纸
任务一　剪纸艺术初见
任务二　百变多样的雪花
任务三　开心的长颈鹿
任务四　精致的生日贺卡
任务五　我的酋长面具

子项目四：魅力衍纸
任务一　感受衍纸艺术的魅力
任务二　翩翩起舞的女孩
任务三　梦中的神秘城堡

子项目五：纸艺妙想
任务一　有趣又多样的花纹纸
任务二　神奇的纸编
任务三　撕出来的太阳花——彩绘拼贴
任务四　凉爽的夏天——镶嵌画

子项目一：
纸艺制作准备

知识目标

1. 丰富学生对制作类纸的认识程度。
2. 了解纸艺制作的各种材料及工具。
3. 初步感受纸艺的各种创作方法。

能力目标

1. 能够掌握各类纸艺材料的特点。
2. 拓宽纸艺制作的创作思维。
3. 激发学生主动参与、积极创作的能力。

项目分解

任务一：与纸艺的初识
任务二：纸艺创作中的各种材料及工具

任务一 与纸艺的初识

纸，是我们生活当中最熟悉的物品，纸艺的魅力就在于其无限的表达能力，人们最善于从生活中汲取艺术的养分，与纸有关的工艺就有几十种，多样的表达手法更凸显出纸艺的包罗万象。各种纸张通过折、剪、刻、撕、拼、叠、编织、压印、裱糊、印刷等艺术手段，活灵活现地展示在我们的面前，其中不仅是因为纸材料价廉易得，也因为其本身有相当高的可塑性，是非常好的美术创作素材，从老人到孩子，适用于各个年龄段。

下面我们就来欣赏一下丰富多彩的"纸"艺术品吧！

乌拉圭折纸艺术家 Roman Diaz 的折纸马外形逼真，尤其是马鬃，仿佛随风而动，富有动感，如果艺术家不是对纸张有着极其好的了解和掌握，就不会做出这么生动的作品。（见图 2-1）

越南折纸艺术家 Nguyen Hung Cuong，最著名的就是他的动物折纸艺术作品，他从 5 岁就开始接触折纸，这已经融入他的生活，成了他生活中的一部分。（见图 2-2）

图 2-1 折纸马　　　　图 2-2 折纸鱼

Jo Lynn Alcorn，美国艺术家，毕业于罗德岛艺术学院，专注于纸艺作品，现居纽约，商业作品邀约大多来自有纸艺传统的中国和日本。（见图2-3，图2-4，图2-5）

图2-3　Jo Lynn Alcorn 作品1

图2-4　Jo Lynn Alcorn 作品2　　　　图2-5　Jo Lynn Alcorn 作品3

古巴艺术家 Elsa Mora 的纸雕插画作品。她喜欢以叶子作为装饰、花朵作点缀，仿佛雕刻的是树之灵，经历着人间的故事。（见图 2-6，图 2-7）

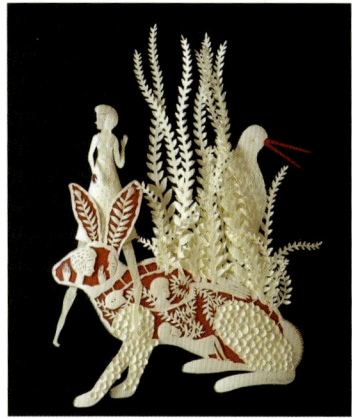 

图 2-6　Elsa Mora 作品 1　　图 2-7　Elsa Mora 作品 2

日本手工艺术家 Mr.riu 的纸雕作品。他用超于常人的耐心和细致雕刻出一系列比蕾丝还精美的纸艺作品，制作这些细致精美的艺术品一定要具有超常的细心和耐心，而他说，并不是因为有耐心才创作这些艺术品，而是因为在创作的过程中，变得更加有耐心了。（见图 2-8）

纽约艺术家 Mia Pealman 的剪纸装置艺术作品。他把剪纸做成了城市雕塑，庞大而震撼。（见图 2-9）

图 2-8　Mr.riu 作品　　图 2-9　Mia Pealman 作品

英国职业插画与剪纸艺术家 Samantha Pierpoint，他创作的剪纸艺术生动活泼、绚丽夺目。她说："我喜欢把我的创意和灵感用手工剪纸形式展现出来。"（见图 2-10，图 2-11）

图 2-10　Samantha Pierpoint 作品 1

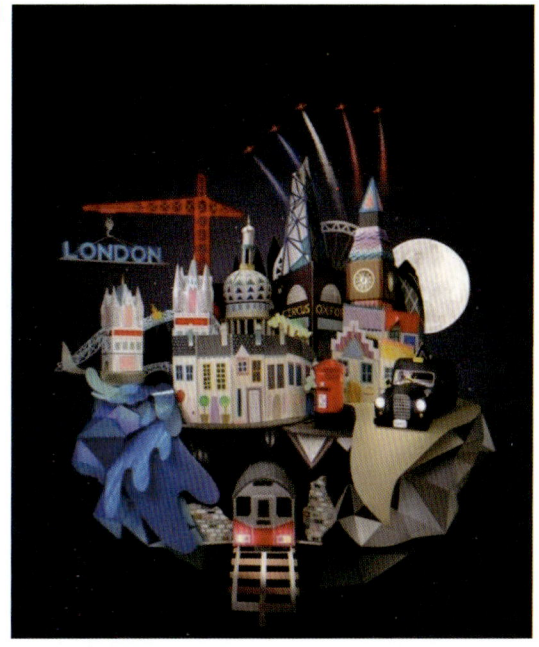

图 2-11　Samantha Pierpoint 作品 2

手工创意教程

任务二
纸艺创作中的各种材料及工具

一、纸张的选择

纸艺作品的创作取材非常广泛，所以纸张材料的选取也多种多样，从生活用纸到工业用纸，比如 A4 打印纸、报纸等都可以被利用，有时候从我们身边就能发现不一样的材料。但随着一些纸艺术品因为美感的需要对纸的质感、重量、厚度产生了更多的要求，很多特殊纸张应运而生。

折纸目前市场上儿童使用最多的折纸专用纸，经过提前剪裁，大部分呈方形，有彩色、珠光色多种颜色，在文具用品店很容易找到。（见图 2-12，图 2-13）

图 2-12　折纸 1

图 2-13　折纸 2

1. 双面彩纸（图 2-14）

这种彩纸正反面有不同的颜色，在作品制作过程中提供了色彩变化的可能，美观、实用、广泛应用于儿童美术折纸、剪纸课。

图 2-14　双面彩纸

2. 牛皮纸（图 2-15）

牛皮纸结实耐用，我们常用牛皮纸包书皮、做档案袋，我们也可以利用牛皮纸进行雕刻，做出不一样的纸艺作品。

3. 海绵纸（图 2-16）

海绵纸比较广泛应用在包装材料中，其韧性强，手感柔和，表面平整，松紧度一致，非常容易塑造一些纸艺形象。

4. 彩色硬卡纸（图 2-17）

硬卡纸质地平整，相较于彩纸更容易塑造一些棱角分明的纸艺作品。彩色硬卡纸更是给作品提供了更多的表达方式，更便于在手工制作中的运用。

图 2-15　牛皮纸　　　　图 2-16　海绵纸　　　　图 2-17　彩色硬卡纸

5. 有纹路的纸：皱纹纸（图 2-18）、瓦楞纸（图 2-19）、金箔纸（图 2-20）

这些纸都是有纹理的纸，皱纹纸用于儿童手工制作皱纹纸花等，也可用于环境布置创设，包装花束，制作工艺品，包装

图 2-18　皱纹纸　　　　图 2-19　瓦楞纸　　　　图 2-20　金箔纸

礼品。瓦楞纸色彩鲜艳，可以做卡片、立体手工、纸雕、剪纸背板等。金箔纸也可用于多种纸艺作品，在折纸的时候这些纹理可以增强作品的真实性。

6. 衍纸条（图2-21）

衍纸条主要用于衍纸艺术品的创作，衍纸艺术被看作是纸艺大家族中优雅的典范，衍纸艺术使纸艺的表达更加多元化。

图2-21　衍纸条

7. 有花纹的纸（图2-22，图2-23）

图2-22　有花纹的纸（1）

图2-23　有花纹的纸（2）

项目二 纸艺的魅力

这种漂亮的纸一般用铜版纸印刷而成,结实、耐用、美观,广泛用作礼品的包装,在我们周围的礼品店、商场里随处可得。

8. 有图案的餐巾纸(图2-24)

图2-24 有图案的餐巾纸

有时候在找一些特殊纸之前,可以先从生活中发现一些可以为我们所用的纸,如餐巾纸、墙纸、纸币、废杂志等,都能做出有趣的纸艺作品。

二、纸艺需要用到的工具

◎ 铅笔

◎ 美工刀

◎ 切割垫

◎ 金属尺

◎ 剪刀

◎ 胶带

◎ 毛刷

◎ 胶水、固体胶棒

手工创意教程

子项目二：
神奇折纸

知识目标

1. 丰富学生对折纸作品的认识，了解折纸的文化内涵。
2. 掌握折纸的基本方法。
3. 启迪学生用日常生活中的纸类进行创意折纸。

能力目标

1. 培养学生的动手能力，手、眼、脑的协调能力。
2. 激发学生进行独立折纸创作的能力。
3. 提高学生的耐心及细致制作作品的能力。

项目分解

任务一：初探折纸艺术
任务二：折纸中常用的基本技巧
任务三：后花园里的最萌和最美
任务四：纸娃娃和爸爸的衬衫
任务五：我们的小玩意

折纸画图例

任务一
初探折纸艺术

折纸，又称"工艺折纸"，是一种以纸为材料折成各种不同形状艺术品的艺术活动。折纸最初起源于中国，后在日本得到发展，在欧洲也有自成一体的折纸艺术。纸张折叠艺术出现后的 2000 多年来，手工折纸已经成为儿童及成人智力开发的工具以及一个极佳的消遣方式。近几年折纸还逐渐成了一种教育手段。

在数学和天文学方面很优秀的摩尔人，他们把折纸的原理作为几何学理论教育的一个辅助。纸艺学会会长陈超颖说："折纸能锻炼人的综合协调能力，包括手、眼和大脑。如学习折纸需要用眼睛看折叠的过程，并在看的同时思考，记住过程；在折的时候，要亲自动手，其间遇到问题，还要仔细去想别人是怎么叠的。这样就可以帮助开动脑筋、活跃思维，从而达到手、眼、脑三位一体的综合协调。"由此看来，折纸不仅是种艺术，还是一种锻炼方法。

我们通过折纸，可以培养动手能力，而且"十指连心"，通过动手，开发了大脑，使大脑得到了开发和锻炼，使大脑可以得到最大限度地利用，同时也促进了对其他知识的学习。折纸讲究对称，可以提高我们对对称性的认知；折纸需要耐心，可以锻炼我们的耐心；折纸需要有一定的空间感，可以培养我们的立体感；折纸可以折出许多物品来，可以教会我们举一反三，如学会折飞机，就会折飞船，可以激发我们创造的能力。

让我们一起来欣赏优秀的折纸作品吧！

罗伯特·J.朗生于俄亥俄州，物理学家，曾经做过和研发经理，目前是全职的折纸艺术家，是将数学和折纸艺术结合起来的先锋之一。通过几十年研究折纸的数学结构，他发现，但凡折纸，不管形状多么复杂，都可以通过数学模型进行建构。他在折纸模型建立的软件应用等方面做出了卓越的贡献。（见图2-25）

图 2-25　罗伯特·J.朗作品

吉泽章(1911~2005)，日本折纸大师，世界公认的现代折纸之父。从1938年开始进行折纸的研究与创作，50年代前后发表了一系列对折纸产生深远影响的作品。1954年创办了国际折纸研究会并担任会长，其使用的折纸图示的标记法也被罗伯特等欧美人采用，逐渐演变成国际标准。80年代，暮年的吉泽章创造了湿纸法，大大提高了折纸的精确程度，使得以前一些看似很难完成的折法变为可能，折纸由此进入一个新的境界。（见图2-26）

图 2-26　吉泽章作品

任务二
折纸中常用的基本技巧

一、选择折纸

之前我们已经介绍过各种纸张，这些色彩各异的"折纸"、双面彩色的"折纸"、有晕色或者有纹理的"折纸"，可以给作品提供更多立体感，珠光纸、金银等箔片类折纸可塑性强，加上所产生的"光线"反射和折射效果，很受孩子们的喜欢，有些折纸爱好者也会自制"合成纸"，这些都可以作为折纸材料。

二、折纸基本技巧

当我们拿起纸张准备折叠出一个作品之前，不要着急，让我们先来了解一些经常用到的技巧和基本步骤，这样有助于认识和理解折纸作品的正确折叠方法，对于这些基础技巧练得越多，就越能够从折纸中享受到创作的乐趣。

1. **初步基础形**
2. **雷形**
3. **谷形折叠**

从纸的下缘随意往上折，使纸张成凹谷状，这种折叠方法，就是所谓的谷形折叠法，也叫向上折。

4. **山形折叠**

在需要折叠的地方，将纸向后折，轻轻捏出折痕，所折叠的地方变成了山脉状，这就是所谓的山形折叠法，也叫向后折。

5. **捏折法**

捏折法是在不需要贯穿折纸捏一整条折痕的时候，在需要有痕迹的地方做一个标记，稍微施加压力，即所谓的捏折法。

如图 2-27 所示。

初步基础形

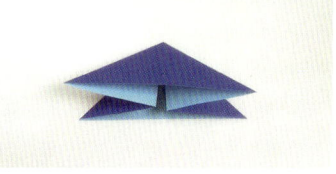
雷形

谷形折叠

山形折叠

捏折法

图 2-27 几种常见的折法

6. 内翻折

内翻折是一种比较常用的折叠方法。

① 把纸张呈山形对折。

② 把右上角往左下角折叠，右竖直边与底边重合。

③ 展开纸张，可以看到一条谷线、两条山线，把靠下的谷形线捏成山形，把中间那条线往内折变为谷形。

④ 两个角重合之后就是内翻折完成的样子。

如图 2-28 所示。

图 2-28 内翻折

1

2

3

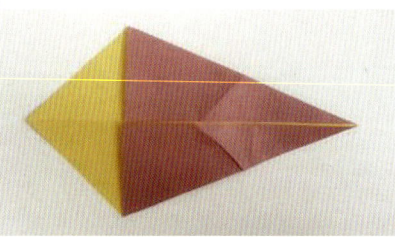

4

5

图 2-29 外翻折

7. 外翻折

外翻折与内翻折相似，变换角度向上折。

① 先折一个风筝形状。

② 在风筝形状的基础上，沿着中心线对折。

③ 使尖角朝下任意折一个角。

④ 与内翻折一样，展开后可以看到两条折痕。

⑤ 把尖角外翻，使尖角两边在下方重合，外翻折完成。

如图 2-29 所示。

项目二　纸艺的魅力

8. 沉降折叠

① 用正方形的纸做一个初步基础形。

② 把顶角平行向下折。

③ 展开后会看到第②步形成的折痕呈小正方形。

④ 分别把四条边都捏出山线。

⑤ 沿着中间的小正方形折痕轻轻往里推。

⑥ 压平后就形成了沉降折叠后的形状。

如图2-30所示。

图2-30　沉降折叠

任务三 后花园里的最萌和最美

图 2-31 最萌的兔子

◎ **任务目的**

用基本折叠技巧中的初步基础形、山形折叠、内翻折等折法折叠兔子和草莓。注意兔子耳朵的折叠要标准平整，兔子身体的内翻折以及草莓在反复折叠当中角度要准确。

◎ **任务内容**

1. 最萌的兔子。
2. 最美的草莓。

◎ **任务实施**

一、最萌的兔子

首先准备一张方形折纸，如果是双色彩纸，里面的颜色会成为兔子的小尾巴，有时候显示在折纸作品中的细节会使作品显得更加完美。

① 对折，中间形成一整条折痕。
② 展开，顶边和底边对准第一条折痕对折重合。
③ 翻到反面，把一边的两个角折向中心折痕。
④ 翻到第一面旋转 90°，使尖角向上折。
⑤ 捏住三角形的前后两侧轻轻往两边拉。
⑥ 压平，成两个尖角。
⑦ 底边往上做对折。
⑧ 展开第⑦步，在两个尖角上做 45°折痕。

⑨ 展开第⑧步，捏住两个尖角往中心线折叠重合，里面是内翻折结构。

⑩ 完成第⑨步后的形状。

⑪ 在尖角上做一个山形折叠，把尖端折向背面，最后这个角会成为兔子的鼻子。

⑫ 再做一个山形折叠，把整个头部折到背面。

⑬ 整个作品做对折。

⑭ 一手捏住兔子的头部，一手将后面部分的外面翻到里面，做一个内翻折。

⑮ 第⑭步完成后的样子。

⑯ 将兔子的耳朵旋转翻折，使最外侧的边线与兔子头部的尖角成45°，如图所示。

⑰ 完成第⑯步后，把旋转得到的小三角插进兔子头部的折叠缝隙中，压平，另一只耳朵同上。

⑱ 在兔子背部两侧做山形折叠，里面一层做内翻折，三层平齐。

⑲ 把兔子的小尾巴折出来，如图在第⑱步内翻折的部分做外翻折。

⑳ 第⑱、⑲步完成后的形状。

㉑ 将兔子身体的下面部分做山形折叠，向内折，另一边相同折法。

㉒ 完成折叠后将兔子身体稍微打开，一个端坐的小兔子就完成啦！

如图2-32和2-33所示。

图 2-32 兔子折叠流程（1）

项目二 纸艺的魅力

图 2-33 兔子折叠流程（2）

手工创意教程

图 2-34 最美的草莓

二、最美的草莓

我们见过草莓园里鲜艳的草莓，见过美味蛋糕上点缀的新鲜草莓，你见过手上"种"出来的草莓吗？请选择一张方形红绿色的双面彩纸，跟着一步一步来做，大功告成后，你对着它吹一口气，神奇的事情就会发生，一个可爱的小草莓呼之欲出。

① 在方形折纸上对折两次形成一条"十"字折痕。

② 通过十字折痕捏出一个基础形，将开口的一端朝向自己。

③ 以中间竖直折痕为轴，形成四个大三角。

④ 将手指插进凸起部分，另一只手按压，使大三角上的折痕与中心线重合。

⑤ 第④步完成后的样子。

⑥ 其余三个大三角用同样的方法进行折叠，完成后的形状如图所示。

⑦ 以竖直的脊痕为轴，翻到只有一种颜色的那一面。

⑧ 将下面两个角的边沿往中心线重合，其余三个面重复动作，得到如图所示的形状。

⑨ 把下面散开的角往上折（单层）。

⑩ 其余三个角重复第⑨步。

如图 2-35 所示。

项目二 纸艺的魅力

图 2-35 草莓折叠流程（1）

11

12

13

14

15

16

图 2-36 草莓折叠流程（2）

⑪ 旋转纸片，如第⑦步同样翻到只有一种颜色那一面。

⑫ 如图所示把底边上的短边往中心线重合折叠。

⑬ 其余三个角重复第⑫步。

⑭ 现在我们把中心轴周围的 8 个纸片分为 4 对，把绿色的尖角露出来。

⑮ 将四个绿色的尖角往上翻。

⑯ 现在神奇的时刻即将到来，做个深呼吸，往小洞里吹一口气，不需要太用力，一个可爱的小草莓就制作成功啦！

如图 2-36 所示。

◎ 任务目的

用基本折叠技巧中的山形折叠、不同部件的组合等方法折叠纸娃娃和衬衫，尤其要注意每一个部件所用折纸的尺寸大小及色彩搭配。

◎ 任务内容

1. 戴帽子的纸娃娃。
2. 爸爸的衬衫。

◎ 任务实施

任务四 纸娃娃和爸爸的衬衫

一、戴帽子的纸娃娃

图 2-37 纸娃娃

纸娃娃的折叠简单又有趣，我们先要准备三张方形纸，两张用来折叠身子和腿，将第三张纸按照 3∶1 的比例裁开，大的做头部，小的做帽子。

① 我们先来折叠身子和腿，在第一张方形纸上沿着两条对角线对折，展开后四个角分别对准中心线折叠重合，得到图中形状。

② 翻到反面把上下两个角对折。

③ 再反过来把下面两个边对准中间的竖直线往上折，底边在竖直线上重合。

④ 另外一边重复第③步。

⑤ 如图把两边的被遮住的部分往外拉，形成两个向下的尖角。

⑥ 完成第⑤步后的形状。

⑦ 反过来，把上下两端的菱形往两边推，形成两个小长方形。

⑧ 这就完成了上身及手臂，如图所示。

⑨ 下身和腿与上身叠法相同，然后对着，将两个小长方形重合。

⑩ 把下身的两个长方形插入上身下面的长方形中，使两个部分连接在一起。

⑪ 做头部用长方形纸中比较大的一张，先对折，两个角向中心线对折重合。

⑫ 把单层的边往上翻折两次压住两个三角边，反过来重复此步骤。

⑬ 把折好的头部套在身上。

⑭ 依照上身小长方形的大小把头部两个角往后折叠固定。

⑮ 用剩下的小长方形纸重复头部的折叠方法折出帽子。

⑯ 用胶水固定好，有趣的纸娃娃就制作完成了。

如图 2-38 和 2-39 所示。

1

2

3

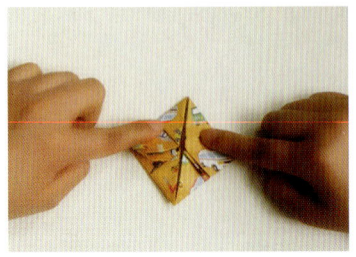

4

5

6

图 2-38　纸娃娃折叠流程（1）

项目二 纸艺的魅力

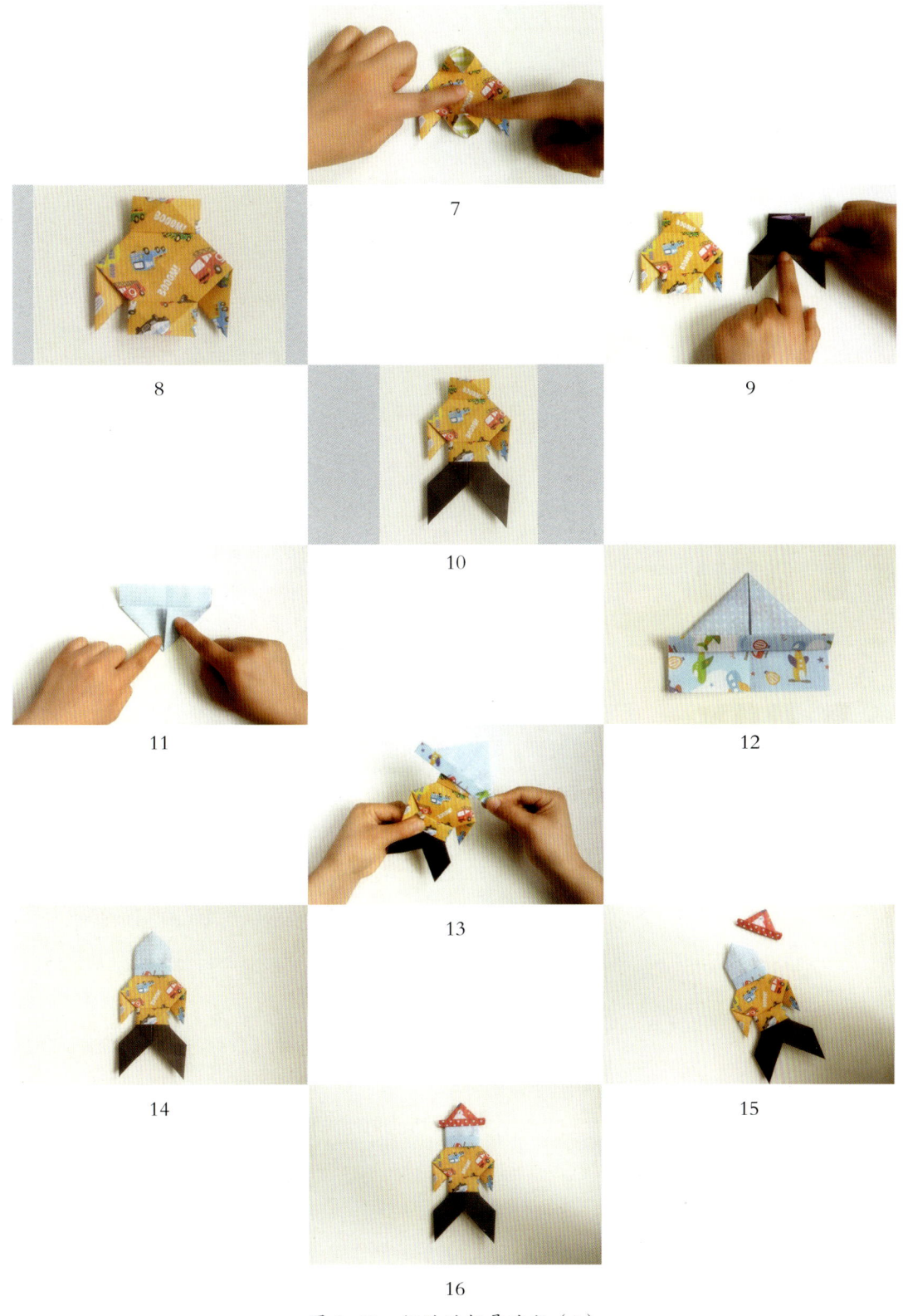

图 2-39 纸娃娃折叠流程（2）

033

二、爸爸的衬衫

图 2-40　爸爸的衬衫

爸爸穿的平展整齐的衬衫也能用纸折出来，如果不信，就跟着我来试试看吧。

① 准备一张长方形的纸，比例是正方形的一半。两条长边对折，形成一条折痕。

② 两条长边往中心线对折重合，选择颜色的时候记住里面的颜色会成为袖口和衣领的颜色。

③ 展开第②步，在反面的短边上折一条 5 mm 左右的长条。

④ 翻过来，如图所示将长边再次往中心线对折重合。

⑤ 把反面出现的颜色条再做一个山形折叠，也就是往后折。

⑥ 有颜色条的一端往中心线折，成一个钝角状，中心线两侧的长边进行 2 mm~3 mm 的宽度折叠，这个小边会成为衬衫的袖口的颜色。

⑦ 把折有小边的角往外折一个大角，这个角多出来的会成为衬衫的袖口。

⑧ 把底端的边对准领口位置折叠。

⑨ 压平，衬衫的制作完成。

如图 2-41 所示。

项目二　纸艺的魅力

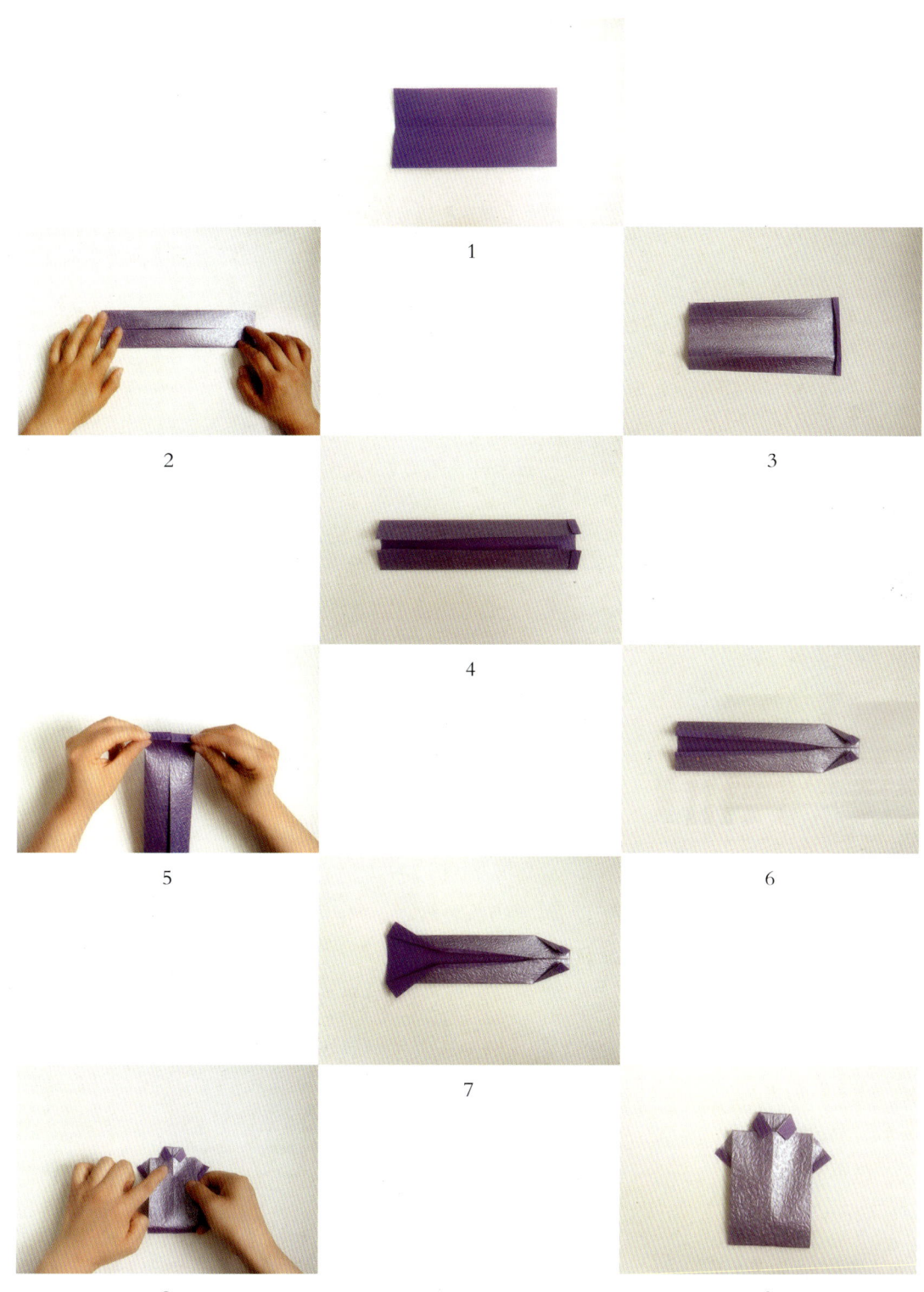

图 2-41　爸爸的衬衫折叠流程

任务五
我们的小玩意

◎ 任务目的

主要用到基本折叠技巧中的谷形折叠、内翻折、沉降折叠、相同部件的组合等，在蝴蝶结运用的沉降折叠中，要注意反面形成的正方形形状的大小以及剪切的角度。

◎ 任务内容

1. 彩色八齿飞盘。
2. 可爱多用的蝴蝶结。

◎ 任务实施

一、彩色八齿飞盘

飞盘是由 8 个小正方形纸折叠后拼在一起的，用一些比较硬或者厚的纸折出来效果会更好。

① 将纸做对折，两边重合，主要颜色的一面纸朝外。

② 将开口朝上，右角往上折，侧边与顶边重合。

③ 展开第②步，按照折痕做内翻折。

④ 把另一边的两个角往内折。

⑤ 按照同样的步骤折 8 个小平行四边形。

⑥ 拿出其中两个，一个尖角朝左，一个朝下，用叉开角的一面夹住另外一个。

⑦ 把后面两个尖角往里折。

⑧ 图中为两个小平行四边形合在一起的样子。其余 6 个按照同样的方式进行组合。

⑨ 顺时针方向插好。

⑩ 当第八个与第一个模块结合在一起的时候，飞盘就折叠完成了。

如图 2-43 所示。

图 2-42　彩色八齿飞盘

图 2-43 彩色八齿飞盘折叠流程

二、可爱多用的蝴蝶结

图 2-44　蝴蝶结

提到蝴蝶结每个同学都不会陌生，蝴蝶结在我们生活当中无处不在，小朋友的发卡，包装盒上的礼结，就连我们在系鞋带的时候也会挽上一个大蝴蝶结，今天我们就动动小手，折一个不一样的蝴蝶结吧。

① 准备一张方形折纸，蝴蝶结的前几步用到了我们在基本技巧里讲过的沉降叠法，重复基本技巧中沉降叠法的1~6步，得到如图形状。

② 将下沉后的两边往中心线折叠重合。

③ 后面两条边同样叠法。

④ 展开，在反面我们会看到一个小正方形。

⑤ 反过来，将上面这个正方形沿虚线剪开，然后以中间这条横线为折点向下折。

⑥ 得到如图形状。

⑦ 将两侧的小正方形底部连着的部分用剪刀剪开。

⑧ 如图所示，两边的两个角分别向各自中心线折叠重合。

⑨ 将蝴蝶结的尾巴沿中线剪开。

⑩ 做如图折叠。

⑪ 反过来，把蝴蝶的翅膀塞进中间的小正方形中，并沿着所标虚线修剪蝴蝶结的两个尾巴。

⑫ 可爱的蝴蝶结大功告成。

如图 2-45 所示。

项目二 纸艺的魅力

图 2-45 蝴蝶结折叠流程

手工创意教程

子项目三：
创意剪纸

任务一
剪纸艺术初见

知识目标

1. 了解和掌握剪纸的基本方法。
2. 激发学生对剪纸创作的兴趣。
3. 激发学生热爱祖国悠久历史和灿烂文化的感情，提高学生的审美情趣。

能力目标

1. 培养学生主动思考的能力。
2. 培养学生的注意力，提高学生全神贯注、专心创作的能力。
3. 培养学生进行独立剪纸创作的能力。

项目分解

任务一：剪纸艺术初见
任务二：百变多样的雪花
任务三：开心的长颈鹿
任务四：精致的生日贺卡
任务五：我的酋长面具

剪纸

　　剪纸，又叫刻纸或剪花。区别在于作品使用的工具不同，有的用剪刀，有的用刻刀。但由于作品基本相同，我们统称为剪纸。

　　剪纸艺术是最古老的中国民间艺术之一，作为一种镂空艺术，它能给人以视觉上透空的感觉和艺术享受。剪纸是用剪刀将纸剪成各种各样的图案，如窗花、墙花、顶棚花、灯花等。

　　从技法上讲，剪纸实际上就是在纸上镂空剪刻，使其呈现出所要表现的形象，具有以剪刻、镂空为主的多种技法，如撕纸、烧烫、拼色、衬色、染色、勾描等，细可如春蚕吐丝，粗可如大笔挥抹。其不同形式可粘贴摆衬，亦可悬空吊挂。由于剪纸的工具材料简便普及，技法易于掌握，故有着其他艺术门类不可替代的特性。

　　剪纸的材料来源非常广泛，其中运用最多的当属各类美术纸，具有切口平整、造型能力强等特点。手工纸由于在裁剪过程中易损坏，所以不太适合用作剪纸的材料，但是可以用来当作整体剪纸的作品背景。

　　下面就让我们来看一些精美的剪纸艺术作品吧！

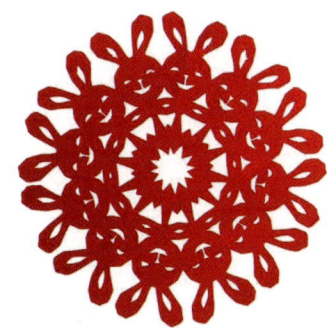

图 2-46　剪纸作品 1

图 2-47　剪纸作品 2

一、中国传统剪纸艺术

中国传统剪纸艺术的文化历史有着独特的形成和发展过程。据查，早在春秋战国时期，人们就通过镂空雕刻的技法在一些薄片材料上制作工艺品，这是在纸张出现以前就开始出现的，为后来剪纸艺术的出现奠定了基础。

中国传统剪纸善于把多种物象组合在一起，并产生出理想中的美好结果。如图 2-46 所示，无论是用一个还是多个的形象组合，全都是"以象寓意""以意构象"来造型的，而不单单根据固有的自然形态来造型，把各种形象组合起来以表达追求吉祥的喻义并成为意象的组合。如图 2-47 所示，中国传统剪纸艺术的表现语言并不是简单的平铺直叙，而是借用托物寄语的方式，借用那些观念化的固有形象，来寄托人们对美好生活的向往以及对吉祥幸福的期盼。

二、创意剪纸

英格兰西北部的纸艺术家海伦，偶然接触了纸艺，便开始了一段充满创造性的探索之旅，至今仍在继续。海伦说："我在纸上的工作越多，我就越能更好地感受到它，我的许多灵感来自于英国的乡村。它的美丽从未停止过，让我感到惊奇，我很高兴看到它，就像我在曼彻斯特南部一样，在城市的风景中，在乡间的另一个地方。遛狗让我有机会看到我周围的环境是如何变化的——这是一种无止境的快乐源泉。"（见图2-48，2-49）

图2-48　海伦作品1

图2-49　海伦作品2

丹麦纸雕艺术家彼得·盖勒森（Peter Callesen）。利用常见的A4纸，创造了很多精彩的剪纸作品。彼得说："这是对二维和三维之间关系的一种探索。简直可以称之为'看得见的魔术'。因为整个创作过程是可以亲眼所见的。"（见图2-50）

图2-50　彼得·盖勒森作品

任务二
百变多样的雪花

◎ **任务目的**

主要用对称图形、连续纹样的方法进行裁剪,注意剪纸的折叠要准确,裁剪的线条流畅,造型优美。

◎ **任务内容**

1. 对称心形。
2. 八只小狐狸。
3. 八角雪花。

◎ **任务实施**

雪花是一种晶体,结构随温度的变化而变化,其又名未央花或六出,是一种美丽的结晶体,它在飘落过程中成团簇拥在一起,就形成雪片。雪花剪纸,顾名思义,就是一种雪花造型的剪纸。很多人都喜欢雪花,想要将那飘飞的雪花一直留在家中,雪花剪纸作品就能够实现这个愿望。今天的剪纸课我们就一起学习雪花的剪纸图案吧。

制作雪花的步骤:

① 准备一张正方形的纸,一支笔,一把剪刀,一把刻纸刀。如图 2-51 所示。

图 2-51 准备材料及工具

② 将纸对角折或者四角折后画出喜欢的图案。

③ 依照画出的纹路或剪或刻出画好的样式。

下面为大家展示几种参考的样式。

1. 对称心形（图2-52）

图2-52　对称心形

2. 八只小狐狸（图2-53）

图2-53　八只小狐狸

3. 八角雪花（图2-54）

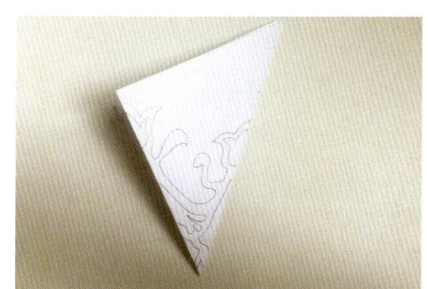

图2-54　八角雪花

任务三 开心的长颈鹿

◎ **任务目的**

主要用剪、刻、贴的方法制作一只微笑的长颈鹿，注意刻纸与剪纸的过程中线条要尽量平滑，造型准确。

◎ **任务内容**

1. 长颈鹿线稿。
2. 长颈鹿外形。
3. 长颈鹿身体上的图案。
4. 形状相同颜色不同的底板。

◎ **任务实施**

长颈鹿是一种生长在非洲的反刍偶蹄动物，拉丁文名字的意思是"长着豹纹的骆驼"。它们是世界上现存最高的陆生动物。站立时由头至脚可达 6~8 m，体重约 700 Kg，刚出生的幼仔就有 1.5 m 高。它们有着温顺的大眼睛，褐色美丽的斑纹，最长的脖子和优美的身姿。现在就让我们一起来练习长颈鹿剪纸作品。

① 先用铅笔在白纸上面画上我们今天要剪的造型线稿。

② 在线稿的背面用铅笔涂黑，这是利用拷贝纸的形式把线稿按照同等比例画在剪纸上，把纸反过来，把线稿用铅笔用力再描一遍。

③ 小长颈鹿的造型印在了剪纸上。

④ 沿着造型线条先剪出整个图案的轮廓。

⑤ 用美工刀对长颈鹿身上的纹路进行细节刻画，注意保持切割边缘的平滑。

⑥ 换一种颜色的剪纸，将长颈鹿放在剪纸上，用剪刀依照长颈鹿的外轮廓在彩色纸上剪一个相同大小的长颈鹿。

⑦ 将白乳胶均匀地涂抹在长颈鹿的反面，将它与彩色背景纸黏合。

⑧ 这样一个多层剪纸长颈鹿作品就完成了。

如图 2-55 所示。

项目二　纸艺的魅力

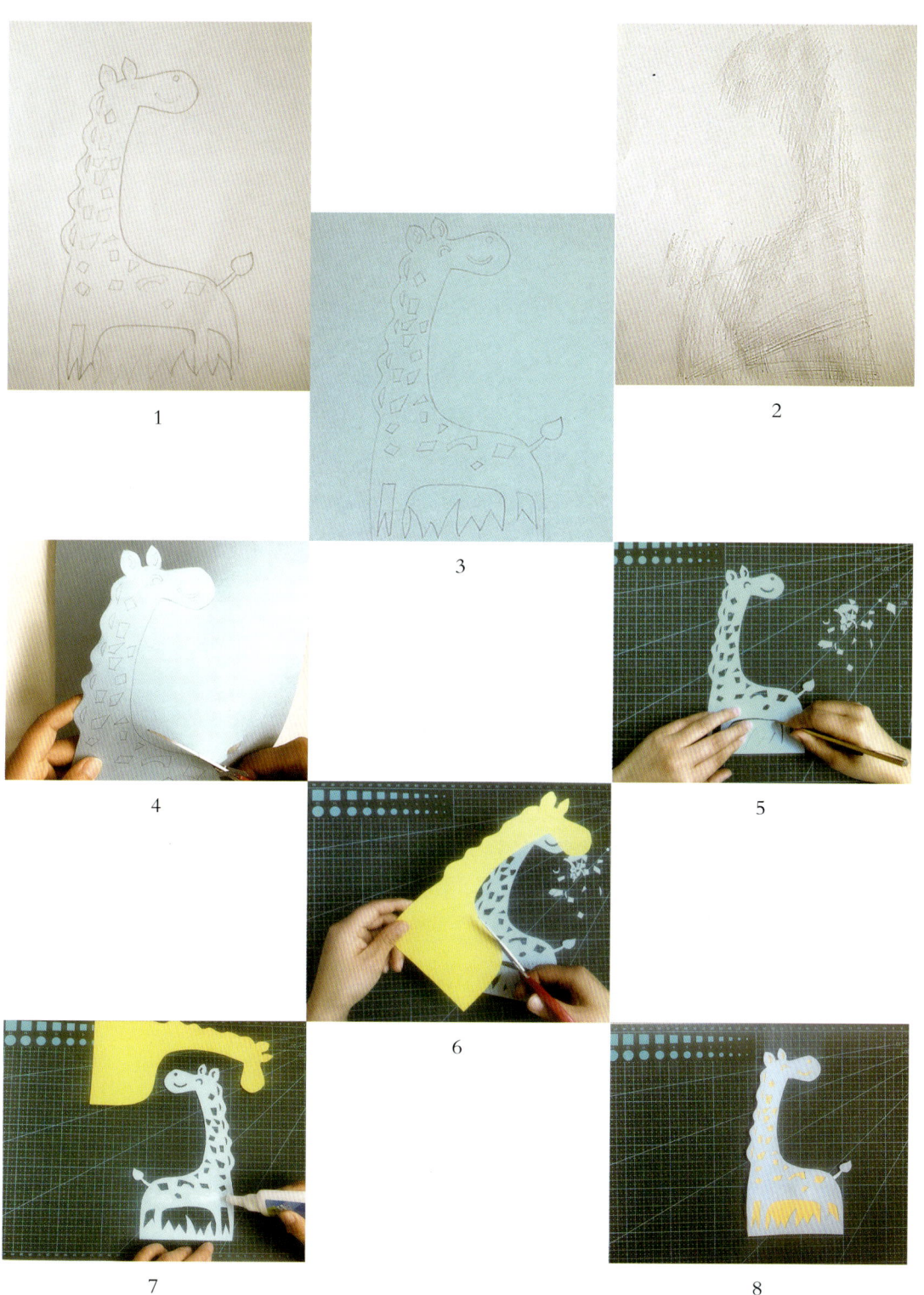

图 2-55　长颈鹿制作流程

任务四
精致的生日贺卡

◎ **任务目的**

主要学习立体的弹出式贺卡的制作，复习上节课用到的剪和贴的制作方法。

◎ **任务内容**

1. 贺卡数字的设计。
2. 数字底座与贺卡黏合方法。
3. 装饰部件的剪贴。

◎ **任务实施**

贺卡是人们在遇到喜庆的日期或事件的时候互相表示问候的一种卡片，人们通常赠送贺卡的日子包括生日、元旦、春节、母亲节、父亲节等。贺卡上一般有一些祝福的话语。今天我们就来一起学习剪纸贺卡的制作方法。

① 这是一个弹出式贺卡，我们以数字 18 为例，在一张白纸上画出草稿，设计好颜色和尺寸大小。

② 按照草稿的设计，我们选取不同颜色的硬卡纸进行描绘和剪贴。

③ 将数字"18"先粘贴在弹出卡片的底座上，对折之后，在底座有折痕的边缘涂抹胶水。

④ 将带有底座的数字"18"以"V"字形贴在卡片上，便于弹出，如图所示。

⑤ 把提前剪贴好的纹样粘贴在卡片上进行装饰。

⑥ 这样一个美丽又有创意的生日贺卡剪纸作品就完成啦。如图 2-56 所示。

项目二 纸艺的魅力

图 2-56 生日贺卡制作流程

任务五
我的酋长面具

◎ **任务目的**

主要学习常规面具的制作程序与方法，注意剪、贴的位置以及立体鼻子的正确拼接。

◎ **任务内容**

1. 酋长面部与鼻子轮廓。
2. 酋长面具装饰部件。
3. 酋长面具整体拼贴。

◎ **任务实施**

面具是造型艺术的一个特殊领域，它最早出现于十分遥远的古代。许多部落的面具常是把雕刻和绘画结合在一起，创造出颇为精彩的作品，尽管奇形怪状，但是不失为造型艺术的一项重要成就。它的出现是社会进步的一种标志，它表明人们已从表面思维开始向抽象思维迈进。

大家肯定都玩过面具，就是用塑料或者纸做成各种造型，然后剪出眼睛、嘴巴的位置，戴在脸上，这就是面具了呢。今天我们和大家分享一种不一样的面具，是用剪纸的艺术剪出的酋长面具。大家一起来看一看具体的制作步骤吧。

① 先在底板上画出酋长的面部和鼻子，酋长的额头部分尽量画高，在后期粘贴羽毛的时候会更牢固。

② 小心剪出面具的形状和各种颜色的头部装饰，用美工刀平滑地刻出眼睛、鼻子和嘴巴。

③ 将面具的鼻子沿着中线的折痕对折，变成了一个立体的鼻子，用胶水把鼻子粘贴在面具上。

④ 在酋长头部的装饰物上贴上双面胶带或者涂抹上胶水。

⑤ 揭开双面胶带先将羽毛错落有致地粘在面具额头部位，然后用红色"绷带"覆盖在彩色羽毛上，用其他颜色的纸条进行装饰，用黑笔画出羽毛的纹理。

⑥ 来自原始部落的酋长面具剪纸作品就制作完成了。

如图 2-57 所示。

项目二　纸艺的魅力

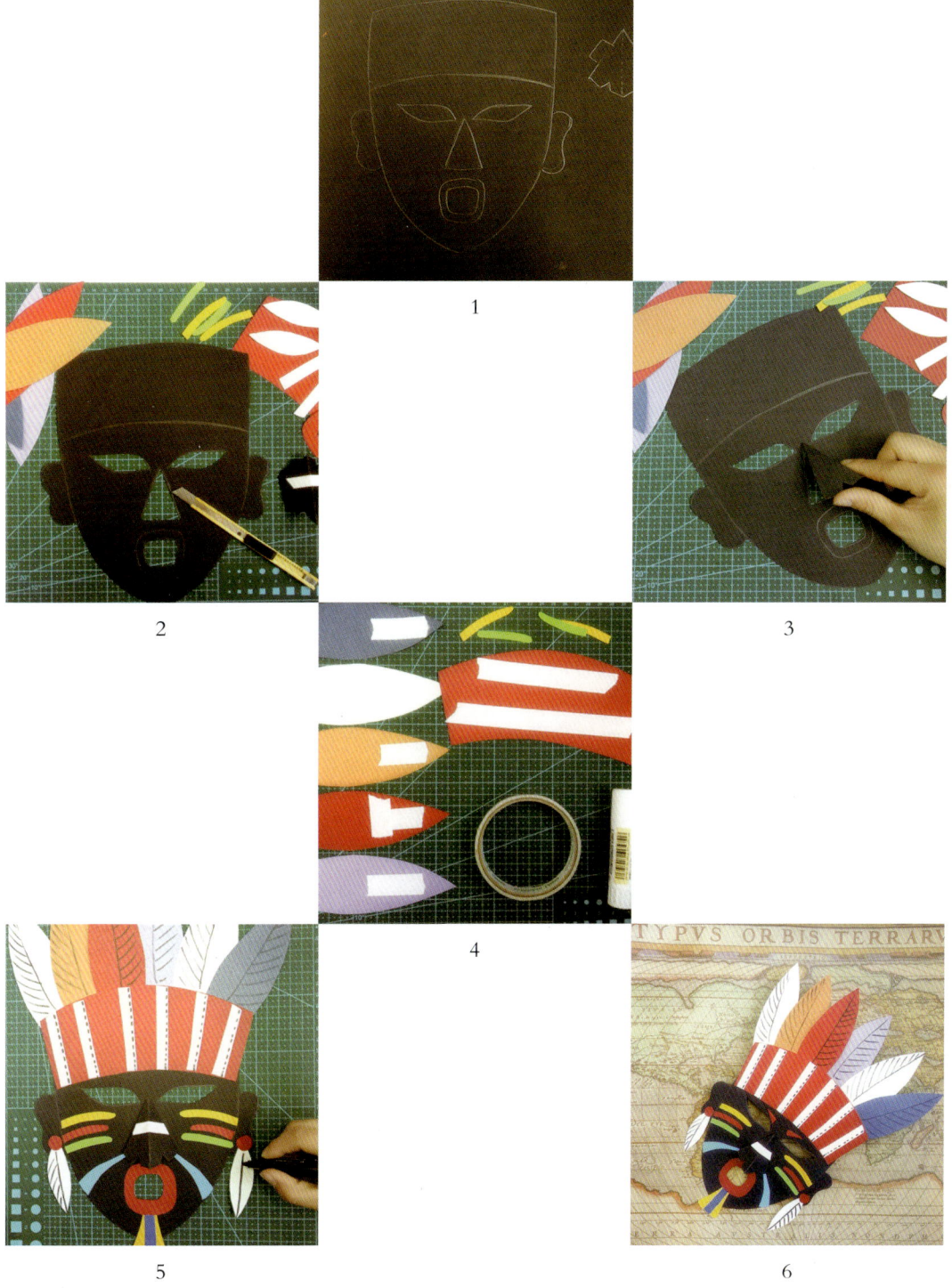

图 2-57　酋长面具制作流程

子项目四：
魅力衍纸

知识目标

1. 初步了解什么是衍纸。
2. 认识了解衍纸制作的基本方法。
3. 通过进行独立的衍纸艺术创作，提升学生对纸艺的认识。

能力目标

1. 通过欣赏和制作衍纸，提高学生将创新和动手结合的能力。
2. 提高学生的粘、贴技能，培养学生的观察能力和创新思维能力。
3. 促进学生手脑协调发展，增添纸艺制作技能。

项目分解

任务一：感受衍纸艺术的魅力
任务二：翩翩起舞的女孩
任务三：梦中的神秘城堡

任务一
感受衍纸艺术的魅力

衍纸又叫作卷纸，是纸艺大家族中比较独特的一项。作为一门独特纸艺，一直都深受广大纸艺爱好者的喜爱。衍纸就是通过卷曲、弯曲、捏压而形成原始设计形象的一门折纸艺术。想要学好衍纸，需要首先学会用薄的纸条制作各种基础造型，然后利用这些基础的造型按照事先设计好的图纸制作出我们想要的衍纸作品。这些衍纸成品可以被用作卡片的制作、粘贴簿或者是其他手工艺品。

尤利娅·布罗茨卡娅是俄罗斯艺术家、插画家，她的作品多数以线条为表达主体，画面非常细腻，具有层次感。她的"我生君已老"系列作品，堪称惊艳，效果近似油画，人物塑造得传神生动。（见图2-58）

项目二　纸艺的魅力

图 2-58　尤利娅·布罗茨卡娅作品

Michelle Jamieson 的衍纸作品，大多突破了传统衍纸的制作方式，大胆地使用各种艳丽的色彩，作品能够充分地把握纸条脉络的变化。她十分擅长使用各种颜色的衍纸来制作出造型各异的精美的纸艺设计。Michelle Jamieson 认为衍纸的制作其实类似于一种禅宗，制作时能够让人获得心灵上的平静。有时她也将衍纸制作当作是自我艺术提高的一种修炼，制作衍纸可以让她的大脑始终保持在积极创新的状态。（见图 2-59）

图 2-59　Michelle Jamieson 的作品

衍纸的基本造型

　　张紧辊：用来作为纸艺品中心结构或者来固定其他"零件"。

　　自由辊：用来捏制各种不同的形状。

　　泪珠形：起始于自由辊，然后压缩收于一末端。

　　矩形：起始于钻石型，四个角都均匀地进行挤压。

　　有开口的旋涡状心形：首先需要截取一小段折好的纸，然后分别从两头进行卷曲，如果想让卷曲更牢固，就需要胶水了。

　　半圆形：首先制作一个松些的圆形，然后在两个角进行捏压，得出明显的两个角。

　　三角形：可以做成松一些的也可以做成紧一些的，当卷好圆形后，捏出三个角就可以了。

　　孔雀眼形：卷的紧一些，制作一个泪珠状，需要尽可能地紧。

　　S 形卷曲：从两个方向的两边进行卷曲，无论松紧都可以。

　　如图 2-60 所示。

图 2-60 衍纸的基本造型

任务二
翩翩起舞的女孩

◎ 任务目的

将画与衍纸结合，主要学习如何制作衍纸卷，注意根据裙子的动态拼贴。

◎ 任务内容

1. 画出女孩线稿。
2. 剪贴帽子与衣服。
3. 制作各种造型的衍纸卷。
4. 将衍纸卷粘贴进裙子内。

◎ 任务实施

衍纸给很多人的感觉就是卷卷纸张而已，很像是小时候制作的手工，但其实衍纸手工制作的乐趣有很多，单是衍纸材料里面的超美的纸条就非常吸引人了，看到这些彩色的纸条，是不是已经按捺不住自己的内心，想要动手来制作衍纸手工了呢？衍纸制作的过程需要极大的耐心，跳舞的女孩这幅作品手工制作的工作量不大，大家先尝试着从这个稍简单的衍纸作品做起吧。

① 在彩色底板上画好舞动女孩的线稿，注意描绘女孩翩翩起舞的动感。

② 女孩的帽子和衣服采用平面剪贴的方法，美观大方。

③ 取一根衍纸条，用牙签或者衍纸笔将其变卷，并在尾端用胶固定（视具体情况而定，有些作品可以不用粘贴）。

④ 把自己挑选的不同颜色的衍纸全部进行卷曲。

⑤ 取一个小碟子，将白乳胶稍微稀释放入碟子内，拿起卷好的衍纸卷轻蘸白胶，也可用刷子轻轻单面刷衍纸卷。

⑥ 将衍纸卷按照线稿的裙子形状小心摆放粘贴，注意大小、颜色排列的节奏感和美感。

⑦ 美丽的衍纸女孩完成。

如图 2-61 所示。

项目二　纸艺的魅力

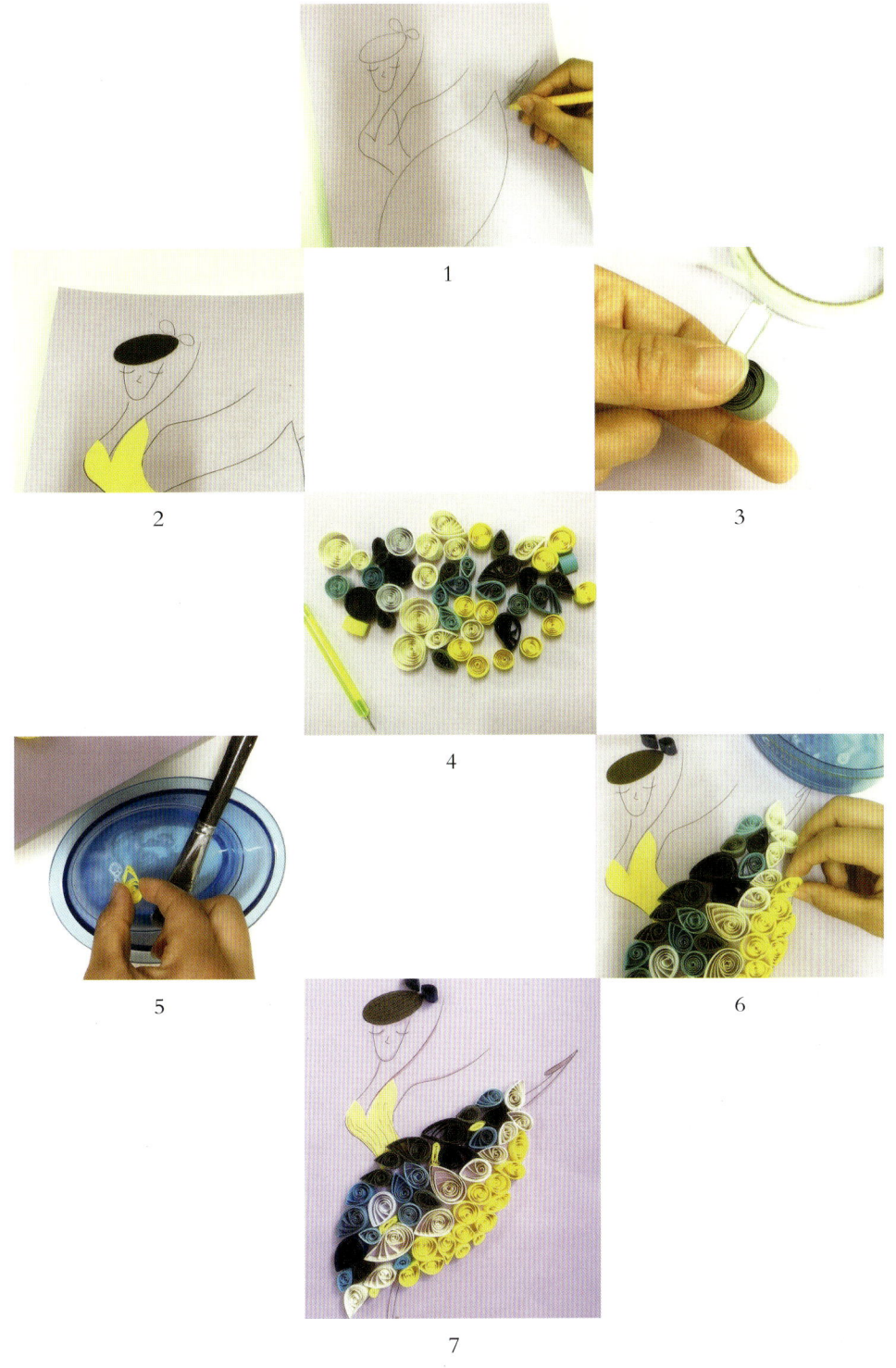

图 2-61　衍纸女孩制作流程

057

任务三 梦中的神秘城堡

◎ **任务目的**

灵活运用多种形状的衍纸卷，制作时要注意颜色搭配，城堡边框的平整度与纸卷的大小。

◎ **任务内容**

1. 制作并固定城堡的边框。
2. 制作不同形状的衍纸卷。
3. 在城堡框内将纸卷拼合粘贴。

◎ **任务实施**

每个女孩子都有一个住在城堡里面的公主梦，所以各种城堡的装饰品才会受欢迎。我们自己用衍纸也可以制作出自己想要的城堡的衍纸画，漂亮的颜色是任何建筑都比不上的哟！

衍纸手工的神奇之处就在于简单的手工制作能完成非常美妙的作品，而且衍纸的美感就在于多彩的衍纸纸条的颜色和流畅的线条感。今天我们就来一起学习一下怎么用流畅的线条来塑造一个精美的城堡。

① 先在选好的黑卡纸上面用铅笔画上城堡简单形状的初稿。

② 找出做边框的白色衍纸条，按照画出来的形状做出来所有的边框放在黑卡纸上面，用白乳胶简单固定一下白色框的大概位置，准备制作城堡框里面的"纸卷"。

③ 根据前面介绍的衍纸的基本造型的制作方法，制作出 S 卷、螺旋开口卷、菱形卷和三角卷，制作的过程中注意 S 卷大小的差异以及三角卷大小的协调性，同时也要注意各种造型位置的摆放样式、方向及颜色的搭配。

④ 卷出来的"纸卷"由于很多是开合的口，所以卷好一部分后就沾上白乳胶固定在白框里面做好造型。

⑤ 除了固定造型的制作，在搭配线条造型的过程中，要保持纸张线条的流畅，控制好线条按照预设的造型和方向粘贴，粘贴线条的时候一定要有耐心，确定纸边稳固了之后再松手。

⑥ 将所有的边框、造型和线条用白乳胶粘贴固定好之后，做最后的造型调整，城堡的作品就完成了。

如图 2-62 所示。

项目二 纸艺的魅力

图 2-62 神秘城堡制作流程

子项目五：
纸艺妙想

知识目标

1. 感受纸艺别样的趣味和魅力。
2. 了解生活中还有哪些纸张可以作为制作手工作品的材料。
3. 打破学生对纸张制作手工的局限认识，拓展认知度。

能力目标

1. 提升学生主动参与纸艺课程的兴趣和主动性。
2. 培养学生敢于创新的能力和大胆设想的发散思维的能力。
3. 强化学生留心生活、将艺术知识进行技能整合的能力。

项目分解

任务一：有趣又多样的花纹纸
任务二：神奇的纸编
任务三：撕出来的太阳花——彩绘拼贴
任务四：凉爽的夏天——镶嵌画

任务一
有趣又多样的花纹纸

◎ **任务目的**

主要用美工刀刻出树的样式及简单有趣的形状，掌握涂刷方法，注意图形排列的秩序与美感。

◎ **任务内容**

1. 雕刻小尺寸的简单图形。
2. 利用海绵、颜料刷等不同的工具在镂空处涂刷。

◎ **任务实施**

花纹纸品种较多，各具特色，但是其实我们也可以根据自己的喜好和需要来制作我们自己专属的花纹纸。

下面就一起来看一下怎么制作吧！

① 在模板上用美工刀刻画出镂空的简单形状。

② 把刻好的模板放在纸上合适的位置，用左手按压在纸上固定，右手使用笔刷把颜色刷在模板上，注意颜料不要太稀，以免造成图案模糊，这时镂空地方的颜色就会刷在纸张上。

③ 多刻几个自己喜欢的图案，来制作属于自己独特的花纹纸。

④ 现在我们来制作一个更简单的花纹纸，可以用来包装，也可以制作卡片，首先准备好颜料、调色盒、海绵和纸张。

⑤ 用海绵轻蘸颜料均匀按压在纸张上，颜料同样要足够黏稠，造成一种斑驳的效果。

⑥ 可以两种或多种颜色叠加，使用前要把海绵清洗干净，在上一个颜色变干后再添加另外一种，这样制作出来的效果能使纸张显得更有质感。

如图 2-63 所示。

项目二 纸艺的魅力

图 2-63 花纹纸的制作流程

任务二
神奇的纸编

◎ **任务目的**

主要用纸条进行不同形式的编织,注意制作过程中纸条的穿插顺序与方向。

◎ **任务内容**

1. 根据尺寸裁剪经线、纬线与斜线。
2. 将纸条按照指定顺序穿插。

◎ **任务实施**

我们经常会看到家人用毛线编织衣物,看到手艺人用藤条编织篮筐,甚至有时候我们自己也能织出一条漂亮又保暖的围巾。说来或许你不信,纸也能进行编织,不如一同动起手来吧!

① 准备好两张颜色不同的纸,取其中一张纸先来制作纬线,即水平方向的线,用直尺按压纸张,如图所示,用美工刀沿直尺把每根线条切割成 1.5 cm 宽,切割时要缓慢平滑,以免切出毛边。

② 拿出另外一张纸,从距离顶边 1.5 cm 处切割经线,即垂直方向的线,同样宽度为 1.5 cm。

③ 拿出一条纬线,从最右方开始,间隔着从经线中穿插向左边,以此类推。

④ 要使每条经线与纬线之间连接紧密、整齐,最后修剪掉多余的边线,制作完成后,一幅像马赛克一样的纸编作品就完成了,还可以拿来作杯垫。

⑤ 如图所示是在第一种编织方法的基础上又增加了一条斜线,看上去更独特,下面我们来介绍这种稍微复杂一点的斜编法。

⑥ 首先用直尺按压拿美工刀切出 10 条 1.3 cm 的蓝色纸条。

⑦ 与第一种编织方法相同,只不过是将纬线按照一上两下的顺序间插在经线当中,如图所示。

⑧ 现在我们拿起一根蓝色纸条,从第一条橘色经线上方穿过,再从第二条经线下方穿出,以此类推。

⑨ 使每一根蓝色纸条错落有致地穿插在经纬线当中。

⑩ 用双面胶或者胶水把边缘线条一一固定。

⑪ 修剪完善作品。

如图 2-64 所示。

项目二 纸艺的魅力

图 2-64 纸编的制作流程

任务三
撕出来的太阳花——彩绘拼贴

◎ 任务目的

体验学习刷、涂、撕等不同的手工制作创作方式,注意手撕的形状和颜色搭配。

◎ 任务内容

1. 在白纸上涂刷出不均匀的色彩。
2. 撕剪出花瓣、花瓶、绿叶的形状。
3. 将花瓣、花瓶、绿叶在背景上拼贴完整。

◎ 任务实施

用来做拼贴画的材料非常多,贝壳、羽毛、五谷、兽皮、蛋壳等,可以利用物体本身形状的偶然性,通过构思,用撕剪、排列、粘贴的方式进行组合,创作出不同质感、形状的全新的艺术作品,而今天,我们利用手中的纸和颜料,同样可以创作出不一样的作品,一同来试试看!

① 准备好笔刷、颜料、水等工具,用湖蓝、柠檬黄、橄榄绿、深绿颜料分别涂在白纸上,不用刷得很均匀,等颜料晾干,反而能出现比较独特的效果。

② 在晾干后的黄色纸背面画上太阳花瓣的形状。

③ 画一点形状不一样的花瓣,使太阳花显得更自然,折叠后剪成多个花瓣。

④ 用直尺按压涂有橄榄绿色的纸张,用手撕成宽度约为 1.5 cm 的纸条。

⑤ 将撕下来的纸条用固体胶涂抹后,不规则地纵横粘贴在白纸上,形成格子布的效果。

⑥ 背景组合好后,将撕剪好的花瓣、花瓶、绿叶拼贴在背景纸上,先是蓝天、花瓶,然后是绿叶,再贴上花瓣,注意花瓣相互叠压要有规律,组合过程中不断进行调整到最佳效果,最后在背面涂抹固体胶固定。

⑦ 拼贴完之后,在花瓣上用笔刷出纹理,在绿叶上画出叶脉,显得更加逼真有趣。

⑧ 拼贴作品太阳花完成。

如图 2-65 所示。

图 2-65 太阳花制作流程

任务四
凉爽的夏天——
镶嵌画

◎ **任务目的**

在了解镶嵌画相关知识的基础上,学习简单的镶嵌画制作方法,注意拼贴的秩序与美感。

◎ **任务内容**

1. 画出一杯柠檬水和一杯啤酒的图案。
2. 根据颜色搭配剪制出方形小纸片。
3. 将方形小纸片根据画出的图案进行拼贴与装饰。

◎ **任务实施**

镶嵌画是用小方块状的有颜色的玻璃、小石子、陶瓷片等镶嵌成的图画,经常作为墙壁、建筑装饰,色彩鲜明璀璨。只要你有点耐心,今天我们同样可以用纸来制作一幅精美的镶嵌画作品。

① 选择一个简单有趣的图形,设计好形状与颜色之后画在白纸上。

② 选出与草图设计相近的彩纸颜色,先剪成条状,再剪成一个个小正方形。

③ 将剪好的小正方形按不同颜色分摊,在纸上涂上胶水,将一个个小正方形纸片往白纸上有规律地贴。

④ 在一个区域的颜色粘贴完后用美工刀把边缘修剪整齐,也可以在粘贴之前对正方形纸片进行修剪,得到平滑的曲线。

⑤ 最后是制作镶嵌画的边框,使整个画面显得更完整。先剪取两条宽度为 2.5 cm 的纸条,长度与画面长度相同,贴在画面上,可以压住镶嵌过程中的毛边。再选取两条尺寸相同的黄色纸条,在黄色纸条上剪出连续三角形的造型并贴于粉色纸条上。

⑥ 镶嵌画制作完成,可以用白色的纸当作啤酒的泡沫作为点缀会更有趣。

如图 2-66 所示。

项目二 纸艺的魅力

图 2-76 镶嵌画制作流程

项目三 趣味黏土艺术

子项目一：黏土制作准备

任务一　黏土艺术欣赏

任务二　认知黏土

任务三　黏土制作材料及工具

任务四　黏土制作基本技能

子项目二：美丽的花园

任务一　毛毛虫与蚯蚓

任务二　蜘蛛与甲壳虫

任务三　黄蜂与蚱蜢

任务四　蜗牛与青蛙

任务五　多肉花和小雏菊

任务六　漂亮的花园

子项目三：动物晚会

任务一　小灰兔

任务二　猫

任务三　绵　羊

任务四　动物聚会

子项目四：卡通人物

任务一　卡通人物的立体脸型

任务二　卡通人物的五官

任务三　卡通人物的发型

任务四　卡通手

任务五　卡通人物塑形

任务六　卡通人物组合

手工创意教程

子项目一：
黏土制作准备

任务一
黏土艺术欣赏

知识目标

1. 认知黏土。
2. 了解黏土制作的工具及材料。
3. 掌握轻黏土基本形的捏制方法。
4. 掌握轻黏土融色的方法。

能力目标

1. 会欣赏黏土艺术。
2. 会捏制黏土基本形状。
3. 会用黏土进行色彩融合。

项目分解

任务一：黏土艺术欣赏
任务二：认识黏土
任务三：黏土制作材料及工具
任务四：黏土制作基本技能

玩泥是童真的表现，一团团"彩泥"在不同人手中变换着、创造着，将他们心中美好的事物通过黏土的制作，以立体的形式表现出来，让思维产生兴趣和冲动，在兴趣和冲动中记录对生活经验的感受，获得情感的发泄、自由创作的快感。在动手制作前让我们先满足一下眼睛，欣赏一些黏土艺术吧！

图 3-1 是西班牙年轻女艺术家 Irma Gruenholz 的作品。她是一位优秀的插图画家，让她更加与众不同的是，她的插画由手工雕刻的黏土制成。这些寓意深刻的形象宛如真实的存在，用他们活灵活现的表情，与明亮多彩的配色，向读者演绎出更加立体和无限想象的精彩片刻。

黏土是指尖上的艺术，揉一揉，搓一搓，捏一捏，将无形的黏土设计成想象的样子。充分发挥你的创作力和动手能力，准备开始属于自己的美丽黏土世界吧。

泥造型概述

图 3-1　Irma Gruenholz 的作品

项目三 趣味黏土艺术

任务二：
认识黏土

对于新学黏土艺术的同学来说，认识黏土、选择黏土、购买黏土无疑是最重要的步骤，但是现在市面上各式各样、五花八门的黏土种类无疑给各位带来了很大的困惑。为了让新同学能够对黏土有基础的认识、正确的选择、更好的创作，制作之前让我们认识一下黏土。

一、几种常见黏土的介绍及应用

1. 树脂黏土

树脂黏土又称为面包土、麦粉黏土等。因为树脂黏土带有光泽，而且富有弹性，因此这种土最适合做花、迷你食品、蔬果或小人偶等。树脂黏土呈半透明色，手感柔软，可延展至很薄又不会裂开，可自由地做出纤细作品，制作时只需加入油画颜色，或者做完之后上色，便可以随个人喜好做出各种东西。台湾树脂黏土经济实惠、质优量足，是很多黏土爱好者的首选。（见图 3-2，3-3，3-4）

图 3-2 树脂黏土制作的小婴儿　　图 3-3 树脂黏土制作的花卉　　图 3-4 树脂黏土制作的蔬菜

2. 超轻黏土

超轻黏土是一种集陶土、纸黏土、雕塑油泥、橡皮泥等优点于一身的最新手工创作材料，可与木头、金属片、亮片、玻璃等材质完美结合使用，适用于玩偶、公仔、胸针、发饰、浮雕壁饰、镜框、仿真花等的制作。选择超轻黏土时要注意它的质地、拉伸力、塑性力，贝蒙和多多鹿品牌的黏土是不错的选择。（见图3-5，3-6）

图3-5 超轻黏土制作的首饰

图3-6 超轻黏土制作的戏剧人物

3. 软陶"烧烤黏土"

"软陶"并不是陶，而是一种人工的低温聚合黏土，又叫"彩陶"，也称"烧烤黏土"。从外形上看，这种黏土的小包装极其类似橡皮泥，而在烘烤之前的玩法上也与橡皮泥有很多接近的地方。软陶制作的人偶因其自带色，会有很生动的温润感。选择软陶泥时要注意它的安全性、韧性、混色性等，大多数人选择爱乐陶与乐思陶。（见图3-7）

图 3-7　软陶作品

4. 纸黏土

纸黏土以纸浆混合树脂和黏土制成，价钱较其他的黏土便宜，是常用的捏塑素材。纸黏土一般用于制作泥人、小饰物、画作等。同时由于纸黏土能够明显地体现出在材料上面压出来的纹路，所以很多人把它应用于手脚印的制作，比如婚庆情侣手印、宝贝成长手印，所以又叫作手脚印泥。（见图3-8）

图 3-8　纸黏土作品

5. 奶油土

"奶油土"是一种新型黏土材料，通过挤花嘴挤出想要的形状，再搭配其他黏土做成极其逼真又能长期保存的甜点，如蛋糕、冰激凌、马卡龙、布丁、巧克力、饼干、糖果等，既可作为礼物馈赠亲朋，又可组合在镜子、相框、收纳罐、时钟等器物上，美观又实用！（见图3-9）

图3-9 奶油土作品及材料

二、超轻黏土的特性

1. 超轻黏土成分

超轻黏土（Super-Light Clay）是纸黏土的一种，简称超轻土，捏塑起来更容易、更舒适，更适合造型。超轻黏土成分包括发泡粉、水、纸浆、糊剂，由于膨胀体积较大，比重很小，一般为0.25~0.28，做出来的作品干燥后的重量是干燥前的1/4，极轻而又不容易碎，又称为弹跳泥。超轻黏土是一种无毒、无味、无刺激性的新型环保工艺材料，属黏土类。超轻黏土最早诞生于德国并逐渐传遍整个欧洲，后经日本、韩国传至中国。该材料可塑性强、色彩艳丽，手工业者可自由揉捏、随意创作，是一种集陶土、纸黏土、雕塑油泥、橡皮泥等优点于一身的最新手工创作材料，它可与木头、金属片、亮片、玻璃等材质完美结合使用，作品不需要烧烤，在24~48小时内可自然风干，且有弹性、不碎裂，可以永久保存。

2. 超轻黏土特性

（1）超轻、超柔、超干净、不粘手、不留残渣。

（2）颜色多，可以用基本颜色按比例调配各种颜色，混色容易，易操作。

（3）作品不需烘烤，自然风干，干燥后不会出现裂纹。

（4）与其他材质的结合度高，不管是纸张、玻璃、金属，还是蕾丝、珠片都有极佳的密合度。干燥定型以后，可用水彩、油彩、亚克力颜料、指甲油等上色，有很高的包容性。

（5）干燥速度取决于制作作品的大小，作品越小，干燥速度越快，越大则越慢，一般表面干燥的时间为3小时左右。

（6）作品完成后可以保存4~5年不变质不发霉。

（7）原材料容易保存，在快干的时候加一些水保湿，就能恢复原状了。

三、纸黏土的保存方法

密封、干燥的地方保存。如果稍微有点干的话可以喷少许水使其变软，完全干燥了的话是无法变软的，因为含有纸浆的成分，完全干燥后加水的话只会化掉。

任务三
黏土制作材料及工具

一、黏土制作材料

1. 主要材料

根据前面黏土的特性介绍,本书推荐和使用的主要材料是可以随意造型和重复使用的超轻黏土。

2. 辅助材料

由于超轻黏土与其他材质的高度融合性,所以制作超轻黏土作品的辅助材料可以多种多样。可以使用彩色细电线制作昆虫的足,使用薄塑料、硬纸片制作昆虫翅膀,利用毛线仿造动物皮毛等。(见图3-10,3-11)

图3-10 黏土制作辅助材料

二、黏土制作工具

黏土制作所需主要工具如图3-12所示:

图3-12 黏土制作主要工具

工具使用举例如下:

(1)工具①主要用于扎小孔、穿小洞等,还可以用于制作嘴巴耳朵或在需要修饰出小圆点、小针眼等效果时使用。

(2)工具②下端部分可用于画出各种线条,如树叶的筋脉、动物的四肢或其他部位的分割线等。或者将黏土摊成薄片后将其切成小块或细长条状时均可使用下端较为锋利的断面,上端部分可用来分隔"Z"字状黏土。

预先行其事,必先利其器,制作过程不必拘泥于固定工具的使用,学会利用身边的小物件,得心应手的工具有利于制作出更加理想的效果。

图3-11 纸片和电线用于翅膀和足的制作

任务四 黏土制作基本技能

一、基本形操作

1. 球形法

用手掌反复揉搓成圆球状。揉搓时，应使黏土均匀受力。可以说，圆球形状几乎是所有黏土制品的起点。（见图3-13）

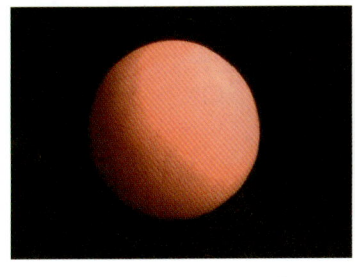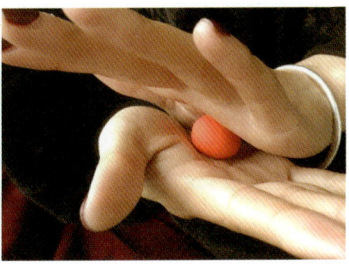

图 3-13　球形法

2. 水滴法

先将黏土揉成圆球状，再将两个手掌相合，呈"V"字形，将圆球夹在手掌之间反复揉搓。由于角度的不同有时会揉出圆圆的小水滴，有时会揉出细长的小水滴。（见图3-14）

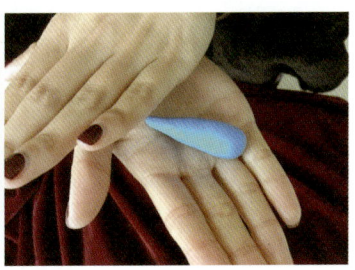

图 3-14　水滴法

3. 柱形法

先将黏土揉成圆球状，再将两手相合，夹住圆球反复揉搓。注意用力平衡，最后两端用食指、拇指压平即可。（见图3-15）

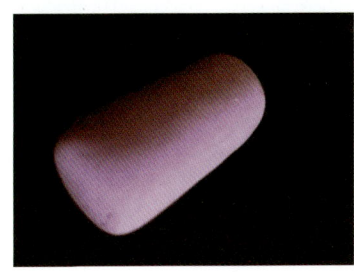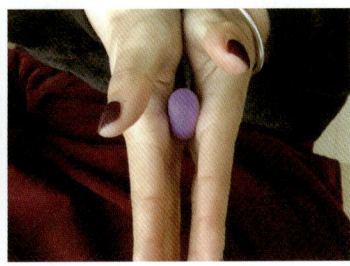

图 3-15　柱形法

4. 正六面体法

先将黏土揉成圆球状，再用食指和大拇指捏平圆球的四周，使之成正方形，然后反复捏平正方形的其他面，最后形成正六面体。（见图3-16）

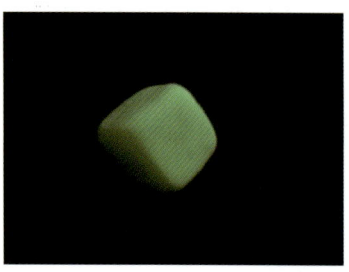 

图3-16　正六面体法

5. 空心法

先将黏土揉成圆球状，将球套在食指拇指上轻轻旋转，里面转成圆洞，并顺边缘捏出形状，拿出手指即成空心状。（见图3-17）

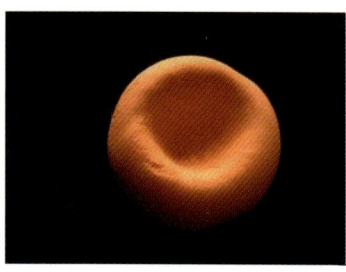 

图3-17　空心法

6. 长条法

先将黏土揉成圆球状，将其放在手掌或平滑桌面用手掌轻轻搓动成条形。（见图3-18）

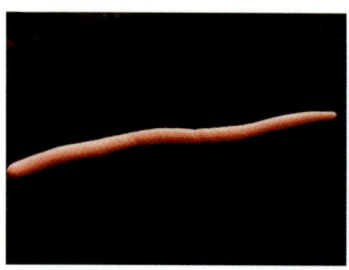 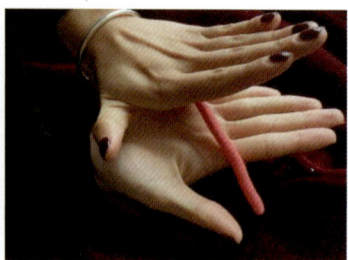

图3-18　长条法

二、色彩的融合

1. 两色充分融合按不同比例融合成新色

超轻黏土和其他材料有个最明显的优点,就是可以自行调色。将两种颜色按照不同比例搭配进行反复揉捏,使其充分混合,就能变出一种均匀的新颜色。用五个基本色,不同比例,就可以搭配出上百种颜色。下面是具体调试方法和黏土混色比例调配图举例,根据图3-19所示,试试吧,想要什么颜色,可以用这种方法随心所欲了。

图3-19 两色融合配色表

2. 两色简单揉捏产生纹理效果的混色（见图3-20）

图 3-20　两色揉捏产生纹理混色

3. 两色揉捏产生渐变色

（1）准备两种有色彩和明度差别的轻黏土。

（2）将两块贴在一起。

（3）对折。

（4）再左右对折，反复对折几次，即会产生渐变效果。如图3-21所示。

泥造型作品图例

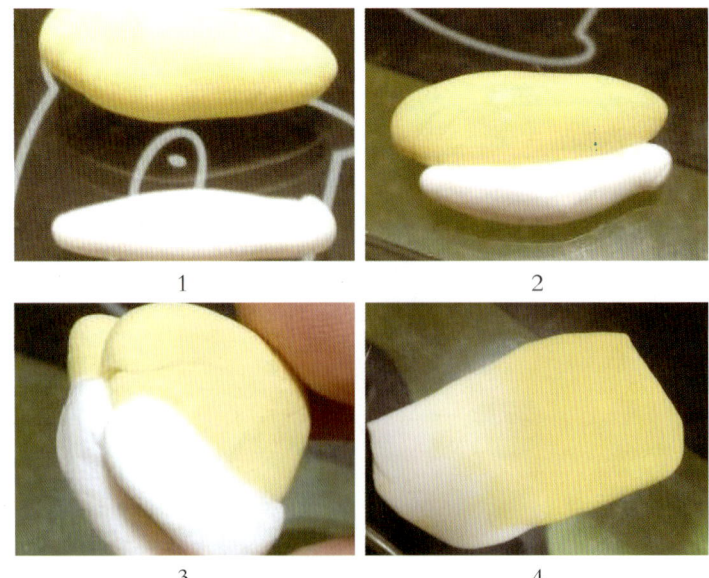

图 3-21　两色揉捏产生渐变色

项目三　趣味黏土艺术

任务一
毛毛虫与蚯蚓

◎ 任务目的

主要用基本球形法制作毛毛虫，注意圆球搓揉的要光滑标准，圆球由大到小逐渐变化；用基本形长条法制作蚯蚓，注意长条由粗慢慢变细。

◎ 任务内容

1. 毛毛虫身体。
2. 毛毛虫头部。
3. 毛毛虫腿部。
4. 蚯蚓身体。
5. 蚯蚓头部。

◎ 任务实施

① 捏 8~9 个由大逐渐变小的圆球，注意球要搓得均匀圆滑。（见图 3-22）

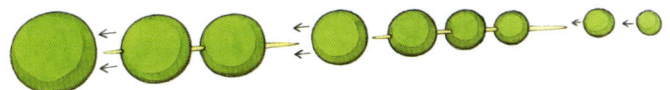

图 3-22　捏 8~9 圆球

② 将圆球由大到小用牙签或轻轻挤压粘连起来，用刀片或硬纸板切开嘴巴。（见图 3-23）

图 3-23　粘连圆球

③ 从白色硬纸板上剪下两个小三角，插在嘴里。用细塑料

子项目二：
美丽的花园

能力目标

1. 会捏制毛毛虫与蚯蚓。
2. 会捏制蜘蛛与甲壳虫。
3. 会捏制黄蜂与蚱蜢。
4. 会捏制蜗牛与青蛙。
5. 会捏制多肉花和小雏菊。
6. 能创意组合出漂亮的花园。

项目分解

任务一：毛毛虫与蚯蚓

任务二：蜘蛛与甲壳虫

任务三：黄蜂与蚱蜢

任务四：蜗牛与青蛙

任务五：多肉花和小雏菊

任务六：漂亮的花园

管（可以利用彩色细电线）作为腿。（见图3-24）

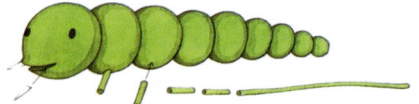

图3-24 制作嘴和腿

④最后完成毛毛虫。（见图3-25）

图3-25 完成毛毛虫

⑤将黏土搓揉成细长的条状，一端粗圆，一端细尖。用牙签绕着身体画线。（见图3-26）

图3-26 蚯蚓身体

⑥用硬纸板打开嘴巴。（见图3-27）

图3-27 打开嘴巴

⑦用相同颜色的黏土切下一根长条，做成蚯蚓的环带，将它绕在离蚯蚓脑袋近的一端。（见图3-28）

图3-28 蚯蚓的环带

⑧最后完成蚯蚓。（见图3-29）

图3-29 完成蚯蚓

项目三　趣味黏土艺术

任务二
蜘蛛与甲壳虫

◎ 任务目的

主要用基本圆形和长条法制作蜘蛛，注意形状比例；用基本形切割法制作甲壳虫。

◎ 任务内容

1. 蜘蛛头部。
2. 蜘蛛腿部。
3. 甲壳虫身体。
4. 甲壳虫头部。
5. 甲壳虫腿部。

◎ 任务实施

一、蜘蛛

① 先搓一个圆球，用尖头的工具定位眼睛。

② 眼睛用两个白色圆球挤压成圆片，再用两个黑色圆球粘在白色圆片中间。

③ 搓一些长条，用小刀切成八份，其中略长的六等份作腿用，略短的两等份当触角。

④ 略长的六条中间折弯，末梢捏出尖角。

⑤ 组合完成蜘蛛。

如图 3-30 所示。

1

2

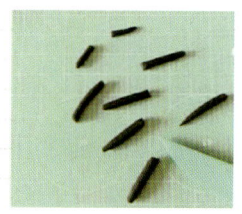
3

4

5

图 3-30　蜘蛛的制作流程

二、甲壳虫

① 捏两个黏土球，一个圆形，一个椭圆形。如图所示，切掉球的底部和侧面，另一个椭圆球也用相同的方法。

② 将两部分用牙签连接起来，用一块三角形黏土作为鼻子。

③ 固定鼻子，捏尖。用牙签在甲壳虫的背上画出一条线。

④ 用牙签将眼睛粘在头上，用硬纸板打开嘴巴。

⑤ 从硬纸板上剪两根螯粘在头部的前方，用彩笔在两根塑料管上画上条纹作为触角，插在头部。

⑥ 用硬纸条作甲壳虫的腿，按照图示折叠，身体两侧各粘三根腿。

⑦ 最后完成甲壳虫的制作。

如图 3-31 所示。

图 3-31　甲壳虫的制作流程

任务三 黄蜂与蚱蜢

◎ 任务目的

主要用基本水滴形和圆形法组合带翅膀的昆虫。

◎ 任务内容

1. 黄蜂的腹部。
2. 黄蜂的头部。
3. 黄蜂的翅膀与腿部。
4. 蚱蜢的腹部。
5. 蚱蜢的头部。
6. 蚱蜢的翅膀与腿部。

◎ 任务实施

一、黄蜂

① 将黏土搓揉成基本水滴形当黄蜂的腹部，将黑色条状粘在上面，把尾巴尖的一端稍微弯曲。

② 用牙签穿过一个球，连接另一个球并和身体连到一起。

③ 用铅笔头戳开一个圆形的嘴巴。用两个红色的黏土球作眼睛，上面粘一个黑色的黏土球。

④ 将一根小"腊肠"粘在头部作鼻子，两根塑料管上粘上小球作黄蜂的触角。

⑤ 在胸部两侧各插入三根牙签或小棍作黄蜂的腿。

⑥ 用合适的纸片做一对黄蜂的翅膀粘在身体的部位。

如图 3-32 所示。

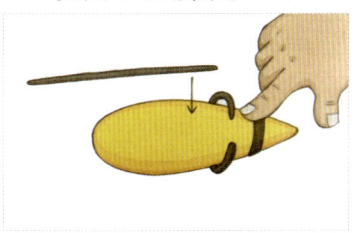

1

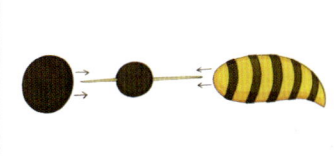

2

3

4　　　5　　　6

图 3-32　黄蜂的制作流程

手工创意教程

二、蚱蜢

① 将一个三角形、一个扁平的黏土球和较粗的腊肠连起来，三角形作鼻子，球作头，腊肠的另一端捏成尖形，将尖形一端稍向上弯曲。

② 用手按住鼻子连接处用牙签在身体上画线。

③ 在头部粘两个球，球的顶部粘两个黑色的小球作眼睛。用硬纸板打开嘴巴。

④ 从纸上剪下一对翅膀，粘在身体两侧。将黏土块固定在翅膀上面。

⑤ 涂色的牙签作腿。将前腿直接插在身体上，另外两对后腿插在腊肠上。

⑥ 最后将两根鱼线的一端粘上两个小黏土球作触角。

⑦ 完成蚱蜢的制作。

如图 3-33 所示。

图 3-33 蚱蜢的制作流程

项目三　趣味黏土艺术

任务四
蜗牛与青蛙

◎ **任务目的**

主要用两色融合的方法制作蜗牛，用混色法制作青蛙。

◎ **任务内容**

1. 制作蜗牛壳。
2. 制作蜗牛身体。
3. 制作青蛙身体。
4. 制作青蛙眼睛。
5. 制作青蛙腿脚。

◎ **任务实施**

一、蜗牛

① 捏制两根"腊肠"状黏土，每根的一端都稍微细些。将最初的一端拉起作为蜗牛的身体，将另一根"腊肠"较粗的一端头部切掉，卷起来作为蜗牛的外壳。

② 切掉身体的顶端，保证蜗牛能站立起来。用牙签将外壳和身体连在一起。

③ 将一根小的"腊肠"粘在外壳底部上面。粘一个鼻子在头部。

④ 固定鼻子连接处，用黏土工具打开嘴巴。

⑤ 剪两根塑料管，一端粘上眼睛，另一端固定在头部。

⑥ 最后，将两根小的塑料管粘在鼻子的下方。

⑦ 完成蜗牛的制作。

如图 3-34 所示。

图3-34 蜗牛的制作流程

二、青蛙

① 取一个粗的圆形的"腊肠",与一个较小的浅色的"腊肠"混合在一起,弯曲90度作为青蛙的身体。

② 在底部两侧各粘一个球作为青蛙的后腿。

③ 用牙签画出大腿的褶痕。从黏土块上切下两个长方形作为脚。用牙签将长方形固定在腿的下面。

④ 捏两根平行的"腊肠",底部各粘一个扁平的球作为青蛙的前腿,用两根牙签将它们与身体连接起来。

⑤ 粘上眼睛,用硬纸板打开嘴巴,用牙签扎两个鼻孔。

⑥ 最后制作手指和脚趾。将一些塑料管粘在前腿和后腿上,然后在塑料管的末端粘上黏土球。

⑦ 最后完成青蛙的制作。

如图3-35所示。

图3-35 青蛙的制作流程

任务五 多肉花和小雏菊

◎ **任务目的**

主要用基本水滴形制作多肉花和小雏菊。

◎ **任务内容**

1. 多肉花的制作。
2. 小雏菊的制作。

◎ **任务实施**

一、多肉花

① 先搓一些大小不等的圆球。
② 再搓成一些水滴状。
③ 组合起来就成了多肉的一组叶子。
④ 拼接到一起。
⑤ 分层次组合成自己想要的形状。
⑥ 最后完成多肉花。

如图 3-36 所示。

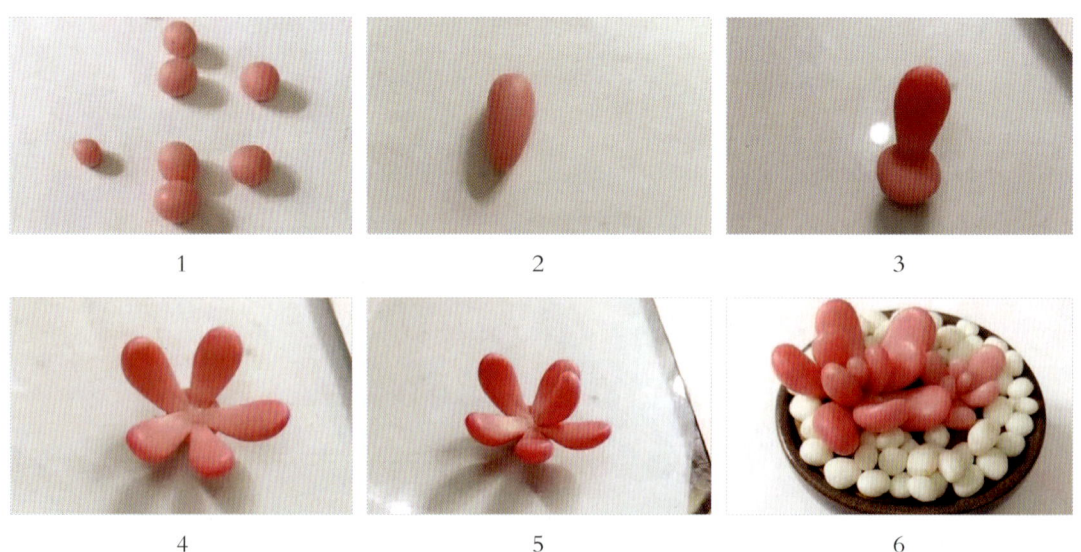

图 3-36 多肉花的制作流程

项目三　趣味黏土艺术

二、小雏菊

① 用一个球制作一个黏土圆锥，切掉原型部分，使底部扁平，将一个黄色球粘在扁平的部分上。

② 在黄色球上扎出小孔。用塑料管作小雏菊的茎，粘在圆锥的下面。在塑料管的里面放置几根金属丝，保证塑料管更好地站立。

③ 最后，从白纸上剪下一些花瓣，粘在黄色球的周围。

④ 小雏菊的完成效果图。

如图 3-37 所示。

图 3-37　小雏菊的制作流程

任务六
漂亮的花园

◎ **任务目的**

利用前面学到的昆虫、小动物以及花卉，自己创意组合一个漂亮的花园吧！

◎ **任务内容**

1. 选择前面所学的小动物和植物，创意组合漂亮的花园。
2. 修饰整理花园细节。

◎ **任务实施**

如图 3-38 所示。

图 3-38 创意组合漂亮的花园

项目三　趣味黏土艺术

子项目三：
动物晚会

能力目标

1. 会捏制兔子。
2. 会捏制猫。
3. 会捏制绵羊。
4. 能创意组合出有主题的动物聚会。

项目分解

任务一：兔子
任务二：猫
任务三：绵羊
任务四：动物聚会

任务一
小灰兔

◎ **任务目的**

主要用基本形法制作小灰兔，注意比例要协调。

◎ **任务内容**

1. 小灰兔的身体。
2. 小灰兔的头部。
3. 小灰兔的腿部。

◎ **任务实施**

① 揉一大一小两个圆球，将大球的底部轻轻压平当兔子的身体，小球当头，再用牙签把它们连接起来。

② 用手指在兔子头部捏出一个鼻尖，再揉一个一端尖头的小球粘到身体后面当尾巴。

③ 揉两个白色小球粘到鼻尖下面形成脸颊，再揉两个黑色小球粘到头部当眼睛。

④ 用灰色卡纸剪出一对长耳朵，插到头顶。

⑤ 用牙签在脸颊下面挖一个洞作嘴巴，再将两根腊肠状黏土一端压平粘在身体下面当后腿。你可以用橙色黏土捏出和腿一样形状的胡萝卜。

⑥ 将两根稍短的腊肠状黏土粘到身体上当兔子的前腿，再将几根硬线插进脸颊当胡须。

⑦ 完成兔子黏土制作效果。

如图 3-39 所示。

图 3-39 兔子的制作流程

任务二 猫

◎ **任务目的**

主要用基本形法制作猫,注意比例要协调。

◎ **任务内容**

1. 猫的身体。
2. 猫的头部。
3. 猫的腿部。

◎ **任务实施**

① 揉一个圆球当头,一个大腊肠当身体,用牙签把它们连接起来。

② 用手指将连接处加固,揉一个一端尖的小腊肠当鼻子,粘到头部,然后捏一个粉色小球当鼻尖。

③ 揉三个球,两个一样大,一个稍微小一些,一样大的两个粘到的鼻子两边,稍微小一些的粘在鼻子下边。再揉两个黄色的小球当眼睛,搓两根非常小的腊肠压扁后粘在小球上当眼珠。

④ 捏两个三角形黏土当耳朵,搓两根腊肠当前腿,用牙签与身体连接,再把大腿的底部稍微弯曲做成脚。

⑤ 揉两个球、两根腊肠粘在一起当后腿,把连接处加紧使其牢固。

⑥ 用硬一些的线作胡须插到脸颊上,最后在猫身上画出黑色的斑纹,一只可爱的小猫就成了。

⑦ 完成小猫的黏土制作。

如图 3-40 所示。

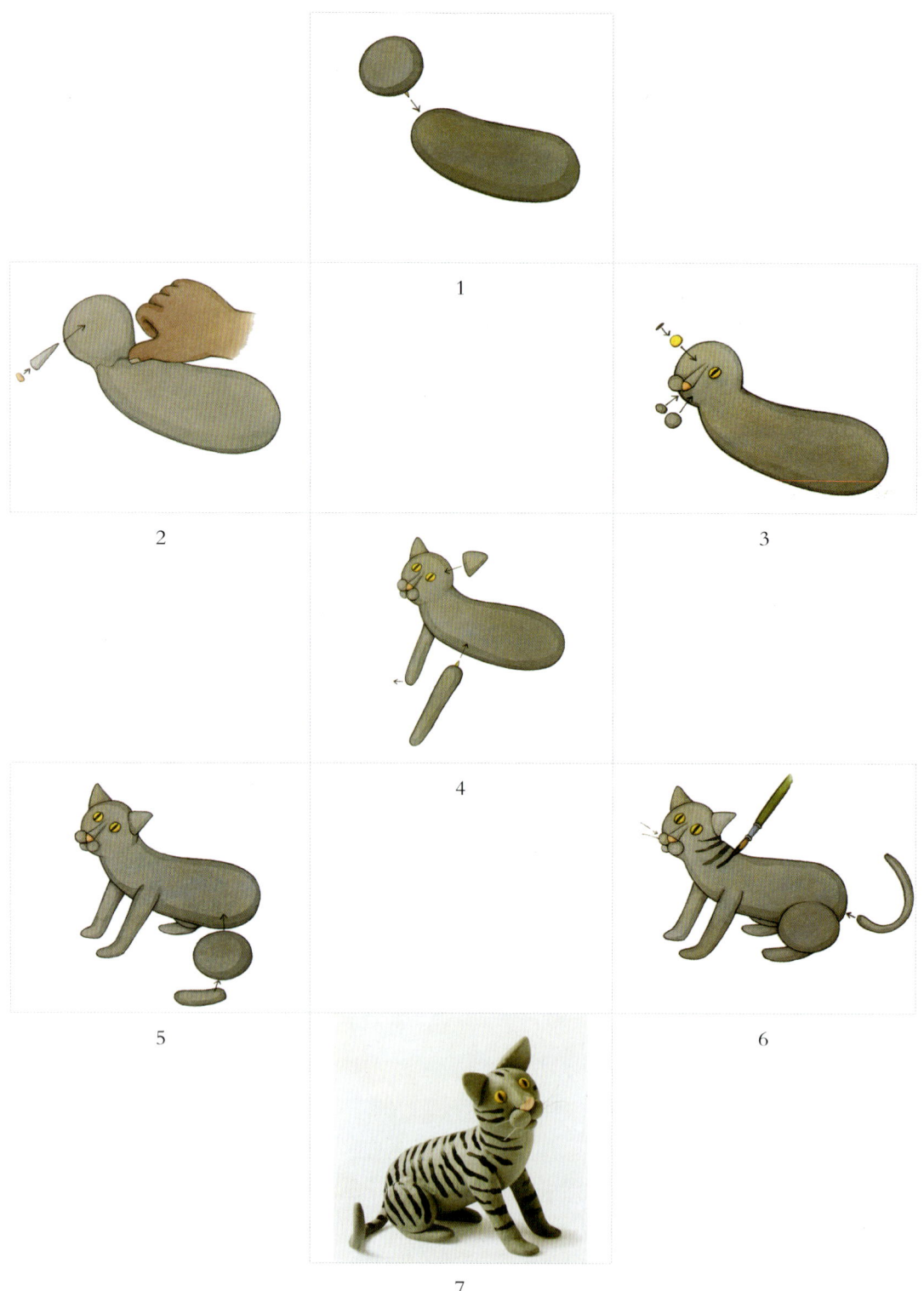

图 3-40 猫的制作流程

任务三 绵 羊

◎ **任务目的**

主要用基本形法制作绵羊,注意比例要协调。

◎ **任务内容**

1. 绵羊的身体。
2. 绵羊的头部。
3. 绵羊的腿部。

◎ **任务实施**

① 捏一个绵羊的头部和一个椭圆形的黏土当身体,用牙签把它们连接起来。

② 将连接处加紧牢固并捏细一些,捏出脖子,用手指押出两只眼睛的位置。

③ 用牙签在鼻子上画出一个字母Y,在下面用纸板切开嘴巴。

④ 用工具尖扎两个洞当鼻孔,揉两个白色小球当眼睛,两个黑色小球当眼珠,将它们粘到手指压过的眼睛位置,再用卡纸剪出绵羊的耳朵,插到头部。

⑤ 揉一根小腊肠当尾巴,再揉四根一样粗细的腊肠当腿,用牙签把腿和身体连接,轻轻把腿的底部弄弯当蹄子。

⑥ 最后,在绵阳的身上裹上一层厚厚的毛线。毛线可以是不同颜色,黑色羊毛线或者是棕色、灰色都可以。

⑦ 绵羊制作最终效果展示。

如图 3-41 所示。

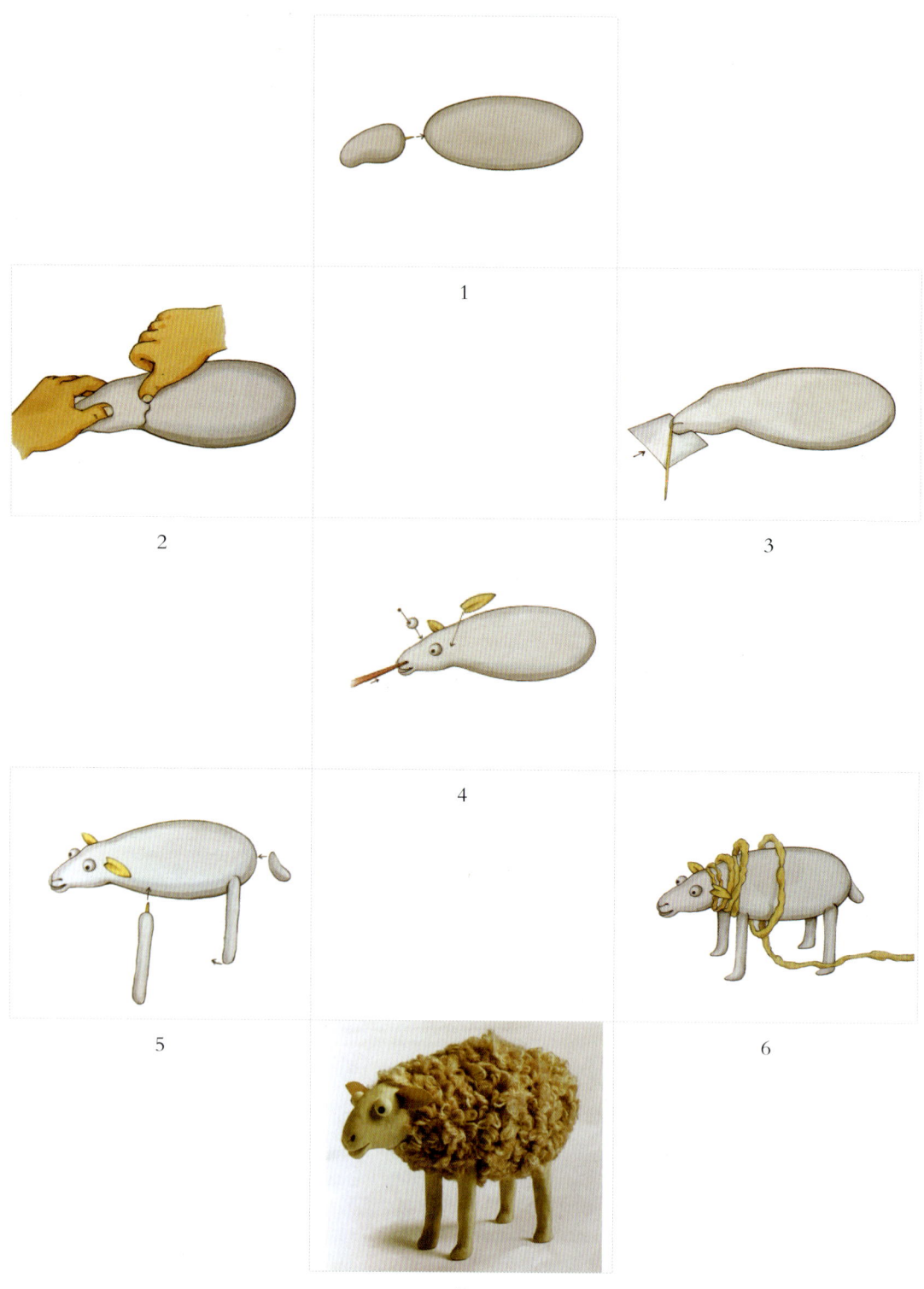

图 3-41 绵羊的制作流程

任务四 动物聚会

◎ **任务目的**

利用前面学到的小动物自己创意组合一个动物聚会吧!

◎ **任务内容**

选择前面所学的小动物,创意组合一组平面的动物聚会。可以是冰箱贴、钥匙扣、铅笔套等形式。

◎ **任务实施参考**

① 利用不同动物的头像制作冰箱贴。

② 利用不同动物的头像制作钥匙扣。

③ 利用不同动物的形象制作胸针。

④ 利用不同动物的形象制作铅笔套。

⑤ 利用不同动物的头像制作装饰摆件。

如图 3-42 所示。

1

2

3

4

5

图 3-42 动物聚会

子项目四：卡通人物

能力目标

1. 会捏制卡通人物立体脸型。
2. 会捏制卡通人物五官。
3. 会捏制卡通人物发型。
4. 会捏制卡通手。
5. 能捏制简单的全身卡通人物。

项目分解

任务一：卡通人物的立体脸型
任务二：卡通人物的五官
任务三：卡通人物的发型
任务四：卡通手
任务五：卡通人物塑形
任务六：卡通人物组合

任务一 卡通人物的立体脸型

◎ 任务目的

掌握卡通人物脸型的特点及制作方法，学生能自己捏出卡通人物立体脸型。

◎ 任务内容

1. 掌握卡通人物脸型的特点。
2. 会捏制卡通人物的立体脸型。

◎ 任务实施

1. 人脸初识

观察下面不同风格的卡通人物脸型，抓住人物的特点，在制作时就会得到要点。黏土人物造型中做好人脸就成功了一半。人物形象要想打动人，一定要在细节上有追求完美的境界，让我们带着细心和耐心走入卡通人物的制作。（见图 3-43）

图 3-43 不同的卡通人物脸型

2. 脸型介绍（图3-44）

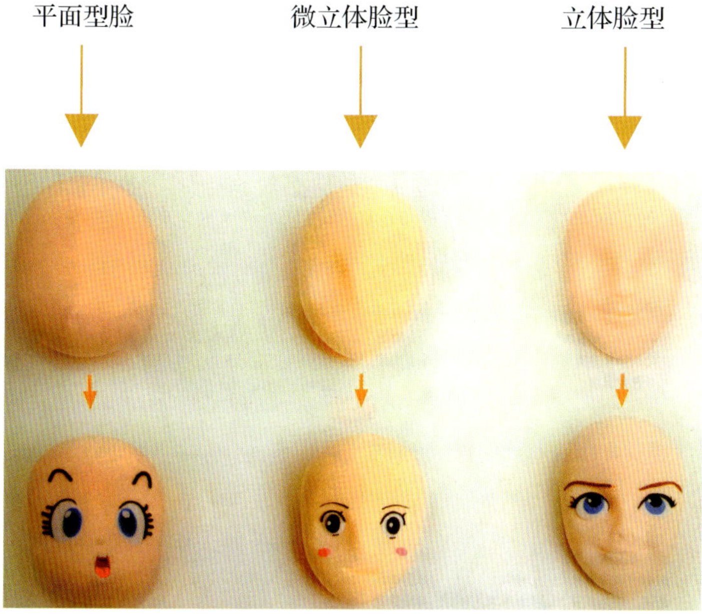

平面型脸　　　微立体脸型　　　立体脸型

图 3-44　三种常见的脸型

（1）平面型脸。

这个就是将黏土人物的脸捏成一个类似于圆形的脸型，然后在上面平贴人物的五官。这个比较简单，容易操作，很适合初学者尝试。

（2）微立体脸型。

这样的脸型是将人物的眉弓骨和鼻梁捏塑竖起来的脸型，略微有一些难度，该脸型是日系动漫人物的基本脸型，大家在制作不同人物的时候可以在肤色和脸的长度、胖瘦上做些调整，该脸型是一种万能脸型，适合中级学者制作。

（3）立体脸型。

这是难度比较高的一种脸型，因为是用超轻纸黏土制作，所以要一次成型，脸部的细节不能有瑕疵，比较考验大家的耐心。所以喜欢的朋友可以尝试挑战一下，如果做好了效果也是非常惊艳的哦！

3. 立体脸型的制作

① 以女性面孔为例。将一块黏土捏成一个下面尖上面宽的脸，如果是男性，比较粗犷，我们会适度加宽下巴的弧线。

② 用大拇指的侧面按压图例里虚线的部分。这个部分的按压需要大家根据制作人物的眼窝深度来考虑，亚洲人和欧洲人脸部的造型区别会比较大。

③ 用拇指和食指向内推动黏土捏出鼻梁，鼻梁的高矮和宽度都取决于您做的人物。请注意上个章节里提到的仔细观察人物的面部特征，这样制作的时候才能抓住要点。

④ 利用刀形工具进行切割，嘴巴的大小与鼻子之间的距离都是人物的特征，秉承这样的制作思路进行制作。挖嘴巴时根据表情来，如果是笑得明显，就将嘴角向上；如果是微笑的表情，就平直一些。一切根据具体的制作情况灵活掌握。

⑤ 利用细节笔调整嘴巴张开的弧度。这里面嘴巴的深度大家根据是否要制作牙齿来决定开口的大小。

⑥ 然后是鼻子，鼻子的制作是利用细节笔在鼻翼的下端押出鼻孔。这个制作的时候要精准，避免一次成型后后续没法补救。

⑦ 接着用手指整理整个面部，在黏土没有干燥的情况下轻轻推动脸部的黏土，塑造肌肉的走向，让整个脸部显得温润自然。然后再进行眼睛、眉毛等五官细节的制作就可以了。

如图 3-45 所示。

项目三 趣味黏土艺术

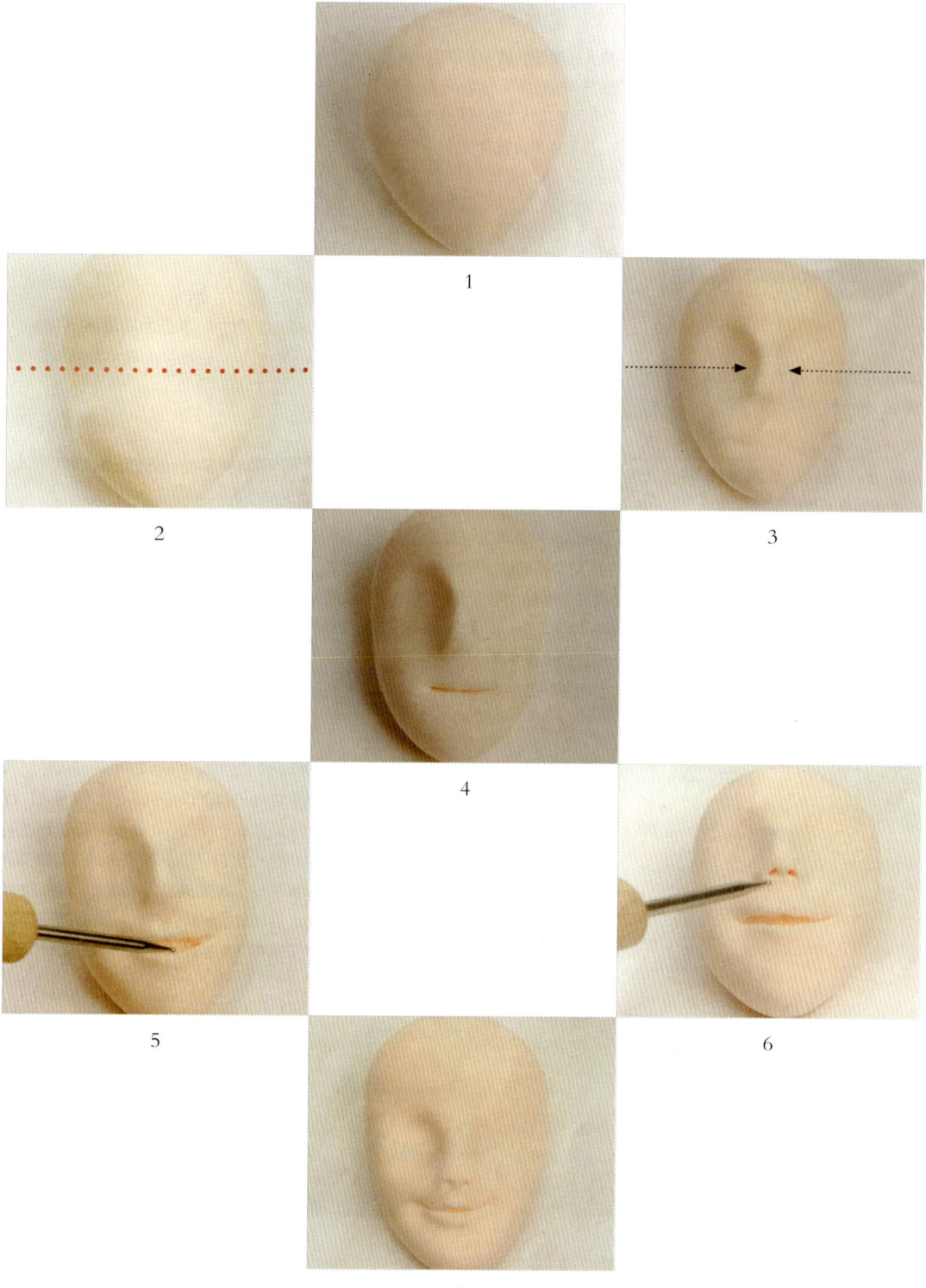

图 3-45 立体脸型的制作流程

任务二 卡通人物的五官

◎ **任务目的**

掌握卡通人物五官的制作方法,能自己捏出卡通人物的五官。

◎ **任务内容**

1. 捏出卡通人物的脸型。
2. 捏制卡通人物的五官。

◎ **任务实施**

① 以美少女战士的五官展示制作步骤。先捏出脸部造型,注意观察脸型特点。

② 用工具按压出嘴巴并着色,用小圆球当鼻子,按压出眼睛窝的位置。

③ 将白色圆形片状贴于眼睛的部位。

④ 再加上蓝色眼珠,片状不宜厚。

⑤ 捏出黑色细线搓揉成一头尖的眼线,加上眼睫毛。

⑥ 贴上眼珠的白色高光,捏出另一只眼睛,最后完成。

如图 3-46 所示。

1

2

3

4

5

6

图 3-46 卡通人物的五官的制作流程

项目三　趣味黏土艺术

任务三
卡通人物的发型

◎ **任务目的**

了解卡通人物发型的造型样式，能自己捏出分层式发型。

◎ **任务内容**

1. 了解卡通人物发型的造型样式。
2. 学生能自己捏出分层式发型。

◎ **任务实施**

1．几种常见发型的造型样式

① 剪贴式。　　② 泥条式。　　③ 分层次式。

剪贴式

泥条式

分层次式

图 3-45　几种常见发型样式

2. 分层次式发型的制作步骤

① 先在脸的后面用发色贴出一个后脑勺。（见图3-48）

图 3-48　贴后脑勺

② 按照从下往上的方式粘贴脑后的头发。（见图3-49）

图 3-49　粘贴脑后的头发

③ 粘贴刘海的部分，没有的就不用了。（见图3-50）

图 3-50　粘贴刘海

项目三 趣味黏土艺术

◎ 任务目的

了解卡通人物常见手的造型表现，能制作卡通人物的手。

◎ 任务内容

1. 了解卡通人物手的造型表现。
2. 掌握卡通手的制作步骤。

◎ 任务实施

1. 卡通手的造型表现示例

如图 3-51 所示。

任务四
卡通手

图 3-51 卡通人物手的造型

2. 卡通手的制作步骤

（1）不分手指的卡通手制作。

① 首先将黏土捏出如图形状，分出手腕的部分和手掌的部分。

② 接着用刀型工具在手掌部位分出四根手指来。

③ 这里以攥紧拳头的样子为例，所以我们将手指部分都向内卷起，再捏一个粗圆的大拇指。

④ 将拇指粘在如图所示的位置。这样一只攥着拳头的手就制作完成了。看上去是不是肉嘟嘟的，很可爱呀！

如图 3-52 所示。

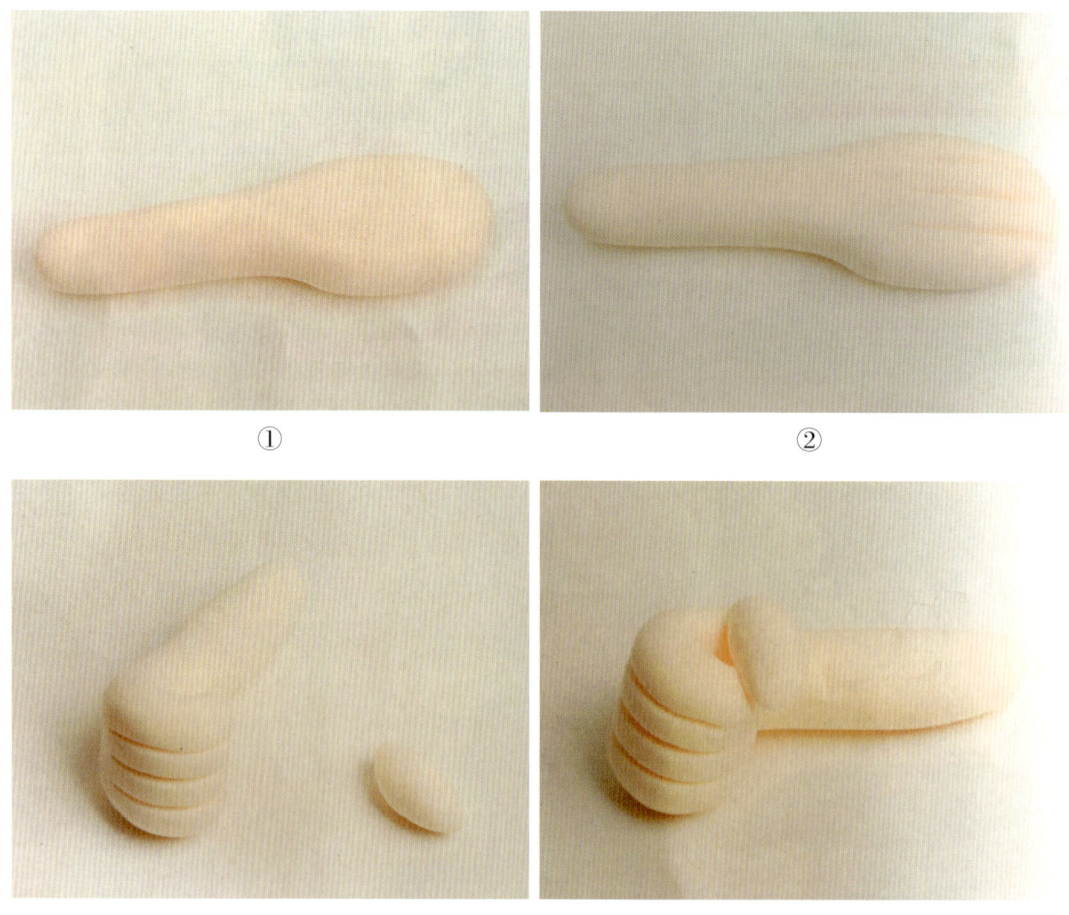

图 3-52　不分手指的卡通手制作流程

（2）分手指的卡通手。

①首先将黏土捏成手腕的部分和手掌的部分。

②然后用剪刀剪出大拇指。

③将拇指向外侧揉成圆柱形，然后用剪刀剪出剩下的手指。

④将每个手指头都揉成圆柱形。

⑤根据要表现的手部姿态来摆pose。

如图3-53所示。

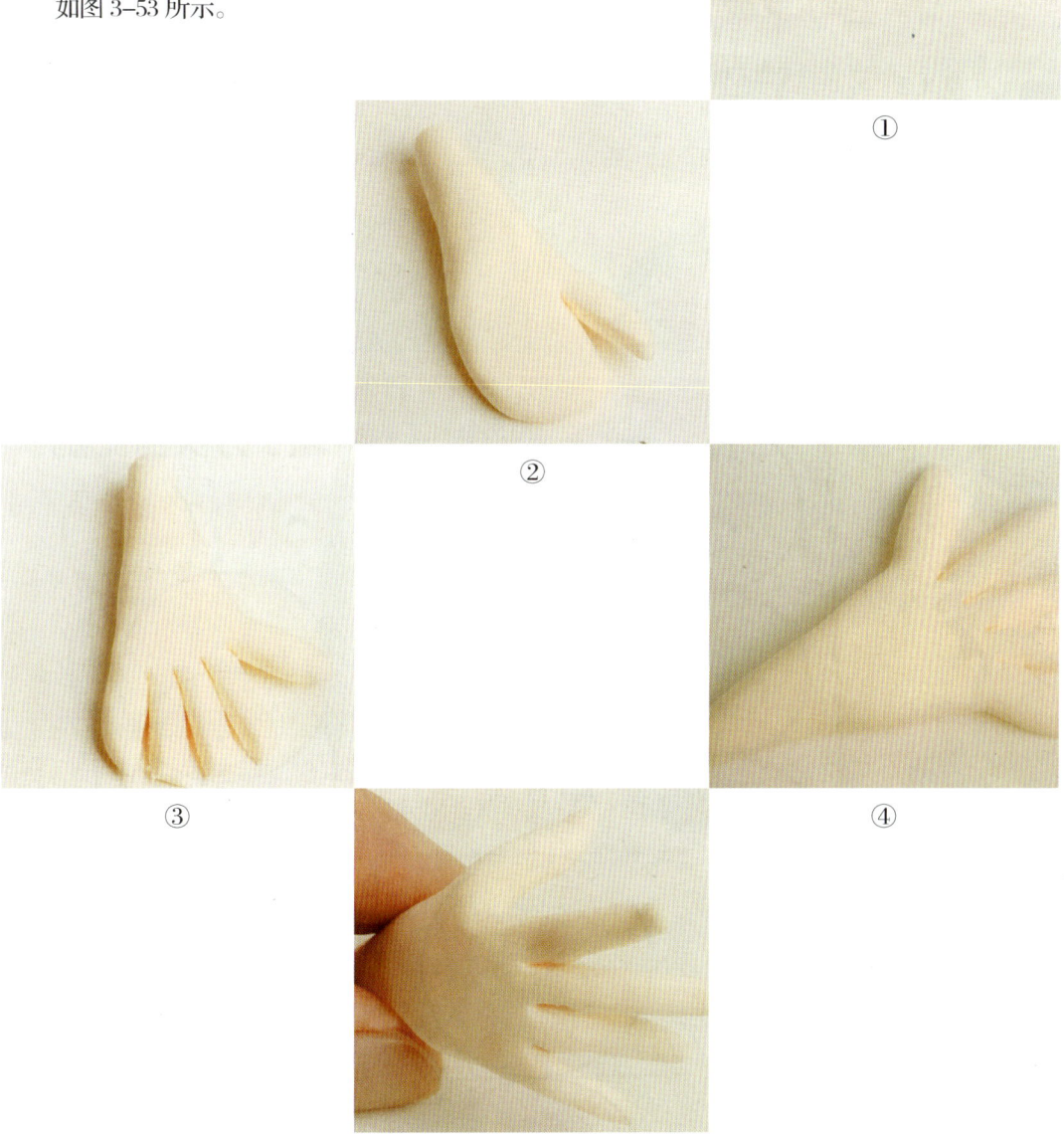

图3-53　分手指的卡通手制作流程

手工创意教程

任务五
卡通人物塑形

◎ 任务目的

会制作完整的卡通人物。

◎ 任务内容

1. 五官简单的卡通人物塑造。
2. 稍复杂的卡通人物塑造。

◎ 任务实施

（1）先看一下五官简单的卡通人物整体效果。（见图3-54）

图3-54　五官简单的卡通人物

① 准备一个黑色圆锥和肉色圆球。（见图3-55）

图3-55　黑色圆锥和肉色圆球

② 将圆片和圆锥组合成女巫的尖帽，黄色的细长条给帽子做装饰。（见图3-56）

图3-56　女巫的尖帽

③ 在头部扎出小圆眼睛、刻画嘴巴，用长水滴形做个尖头鼻子。黑色小圆球作眼睛，粉色椭圆片作腮红。（见图3-57）

图 3-57　头部制作

④ 绿色的黏土拉扯绕几圈，做出来小人偶的头发。（见图3-58）

图 3-58　头发的制作

⑤ 配合上帽子。（见图3-59）

图 3-59　配合上帽子

⑥ 后面用尖头工具在头发上随意搅动几下，做成像方便面团就可以了。将用牙签插入头底端作支撑。（见图3-60）

图 3-60　支撑头部

⑦ 将头部插入刚才做好的身体里。（如图 3-61 所示）

图 3-61　头部插入身体

⑧ 做一个小拖把，搓出细条状和水滴状，用刀形工具压痕做出女巫的扫帚。（见图 3-62）

图 3-62　女巫的扫帚

（2）再做一个五官稍微复杂些的卡通人物。先看一下整体效果。（见图3-63）

图3-63 五官复杂些的卡通人物

① 按照前面制作五官和头发的方法做出头部造型。（见图3-64）

图3-64 头部造型

② 制作老鼠形的帽子。（见图 3-65）

图 3-65　老鼠形的帽子

③ 加上头部和身体，大功告成。（见图 3-66）

图 3-66　五官复杂的卡通人物制作完成

项目三　趣味黏土艺术

任务六
卡通人物组合

◎ **任务目的**

利用前面学到的人物自己创意组合一个人物场景吧!

◎ **任务内容**

选择前面所学的人物捏塑方法,创意组合一个人物场景。

◎ **任务实施及参考**

根据所学的人物捏塑方法,创意组合一个以人物为主题的场景。参考图3-67。

图 3-67　创意组合人物场景

项目四 创意手工艺术

子项目一：小叶子大变身
任务一　叶画艺术欣赏
任务二　认识树叶
任务三　叶画的制作材料及工具
任务四　叶画制作的基本方法
任务五　嬉戏的小金鱼

子项目二：橡皮图章
任务一　橡皮图章艺术欣赏
任务二　认识橡皮砖
任务三　橡皮图章的制作材料及工具
任务四　美丽的蝴蝶

子项目三：纱线艺术
任务一　纱线艺术欣赏
任务二　纱线艺术制作的材料及工具
任务三　纱线艺术制作的基本技能
任务四　幸运四叶草

子项目四：变废为宝
任务一　变废为宝艺术欣赏
任务二　欣赏学习冰棒棍DIY
任务三　欣赏学习蛋壳手工制作

手工创意教程

子项目一：
小叶子大变身

知识目标

1. 认识叶画。
2. 了解叶画的制作工具及材料。
3. 掌握叶画的制作方法与技巧。

能力目标

1. 会欣赏叶画艺术。
2. 会根据树叶的外形运用剪、折、拼、贴、涂的方法进行大胆创作。
3. 能在拼贴、想象过程中提高想象力和创造力。

项目分解

任务一：叶画艺术欣赏
任务二：认识树叶
任务三：叶画的制作材料及工具
任务四：叶画制作的基本方法
任务五：嬉戏的小金鱼

任务一
叶画艺术欣赏

叶画是将自然与艺术融为一体，生命与绘画合二为一，体现人与自然和谐相处的一种绿色环保艺术。它借美术之灵，创自然之美，使得叶中有画、画中有叶，叶画浑然一体。以前人们主要是利用植物叶制作"贝叶经"，现在我国许多博物馆还有收藏。随着时代的发展和科技的进步，新技术让叶画的种类更加丰富，人们用不同的树叶，通过动脑动手，制作成各种各样的叶画。下面，我们就先来欣赏一下吧！

图 4-1　叶画人物作品

图 4-1 是 2011 年苏州嘉应会馆美术馆展出的叶画人物作品。图 4-2 和图 4-3 是我国武汉青年叶晓秋为 2008 年北京奥运会献礼所绘《叶画百花图》中的两幅作品，他将我国传统国画风格与树叶叶脉纹理巧妙结合，使得作品独具匠心。

项目四 创意手工艺术

图 4-2 叶晓秋作品 1

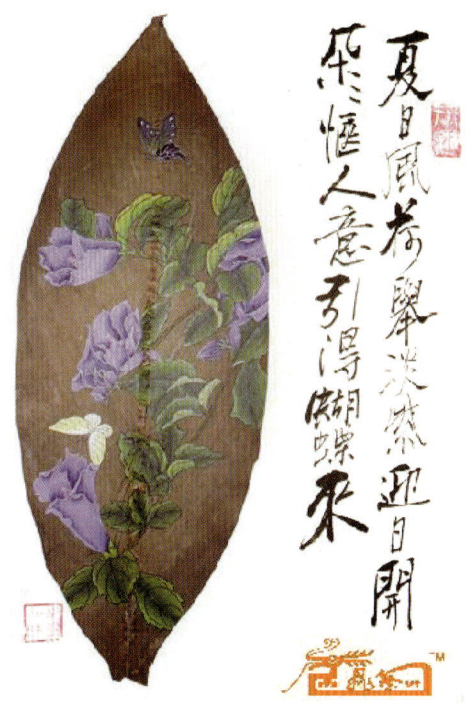

图 4-3 叶晓秋作品 2

任务二
认识树叶

叶画，顾名思义是利用植物的花、叶、茎等经过加工改造制作出来的艺术作品。大自然的花草树木本就种类繁多、千姿百态，再加上受季节影响较大，会呈现出不同的形状和颜色，可谓叶叶不同。下面，我们就来认识一下身边常见的树叶吧！

一、按形状分类

常见的树叶按形状来划分有：针状叶植物，如金钱松、雪松等松树类；扇形叶植物，如银杏；椭圆形叶植物，如樟树、橡皮树；掌形叶植物，如梧桐树、鸭掌木；心形叶植物，如绿萝、红掌。大自然中有太多不规则或者叫不出名字的植物，我们无法用语言来确切描述它们的形状，如柳叶、枫叶、竹叶、

图 4-4　形状奇特的树叶

枇杷叶、火棘叶等，当我们看到那些形状特别的落叶时，注意留心观察，大胆发挥自己的想象，只用几片落叶就能构成一幅幅美丽的艺术品！（见图 4-4）

二、按颜色分类

俗话说"绿叶配红花"，提起树叶的颜色，我们通常会想到绿色。其实，大自然里树叶的颜色是无穷尽的，世界上存在多少种颜色，树叶就有多少种颜色。只不过生活中我们经常接触到的以绿色、黄色、红色居多。植物的叶子里含有很多天然色素，如叶绿素、叶黄素、花青素、胡萝卜素等，正是由于这些色素含量和比例的不同，才变幻出丰富多彩的叶子颜色。在制作叶画时，应尽量采集各种颜色的叶片，以丰富画面的层次感。

图 4-5　颜色各异的树叶

任务三 叶画的制作材料及工具

一、叶画制作材料

叶画取材于大自然，是一项大众艺术，其主要材料就是树叶。在收集树叶的时候需要注意以下几点：

① 叶片的收集要广泛，树叶、花叶、花茎、花朵都可以作为叶画的材料；

② 叶片的形状要多种多样，如扇形的银杏叶、掌形的梧桐叶等；

③ 叶片的颜色要丰富，尽量收集各种各样的颜色，使画面更具有层次感；

④ 叶片的大小要有序，同一种叶片要有大小之分，这样在制作叶画的时候会有选择的余地；

⑤ 尽量选择干净、平整的叶片。

二、叶画制作工具

叶画制作的工具非常简单，市面上很容易买到，主要有以下几种：

① 覆盖性较好的颜料（如水粉）：可以直接在树叶上进行艺术创作。

② 剪刀和镊子：用于裁剪、粘贴叶片。

③ 毛笔或小头刷子：往树叶上涂胶用。

④ 乳胶：由于乳胶与其他胶相比，具有干得快、不留痕迹、无腐蚀性、无污染、价格便宜等优点，所以选择乳胶来粘贴树叶。

⑤ 纸或纸板：选择纸质较白、较厚、光泽度好的纸板，也可根据画面需要选择其他颜色的纸板。

⑥ 黑色勾线笔：根据画面的需要，可用勾线笔进行适当的添加。

如图 4-6、4-7 所示。

项目四　创意手工艺术

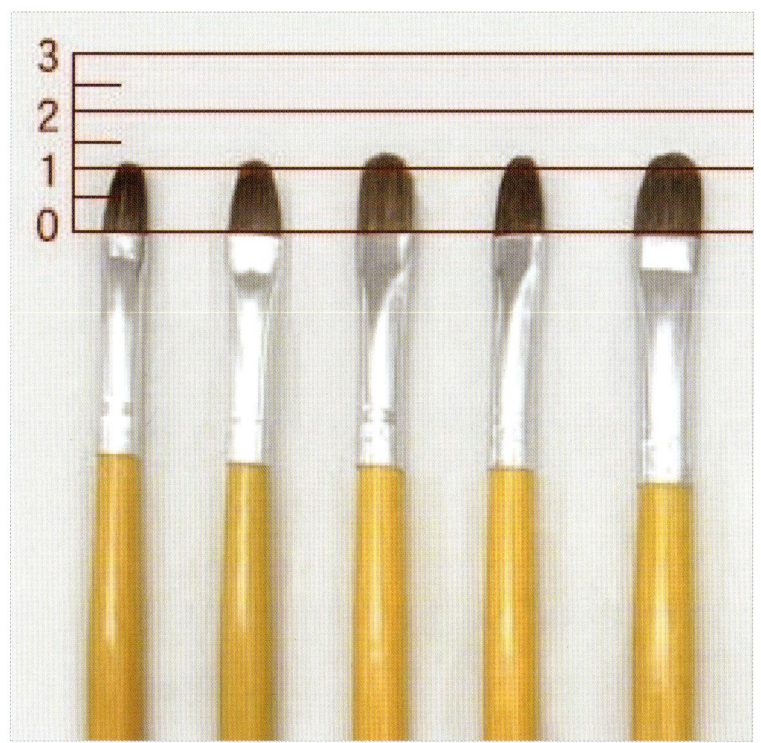

图 4-6　叶画制作部分工具 1

图 4-7　叶画制作部分工具 2

123

任务四
叶画制作的基本方法

叶画的制作方法有许多种：

① 根据树叶的形状，直接在树叶上进行绘画创作（见图4-8）。

② 根据需要对叶片进行适当裁剪，然后对其拼贴加工完成艺术创作（见图4-9）。

③ 根据树叶本身的形状和颜色特点，适当添加绘画进行艺术创作（见图4-10）。

④ 在树叶上涂抹颜色，通过染印的方法进行艺术创作（见图4-11）。

图4-8　直接在树叶上绘画创作

图4-9　裁剪拼贴创作

项目四 创意手工艺术

图 4-10 添加绘画

图 4-11 涂抹颜色

任务五
嬉戏的小金鱼

◎ 任务目的

主要运用裁剪、拼贴的方法制作嬉戏的小金鱼。

◎ 任务内容

1. 嬉戏的小金鱼。
2. 水草。

◎ 任务实施

① 收集材料。收集好各种各样的树叶，选好底面用的纸。（见图4-12）

② 构图。构图是叶画制作的关键，根据收集的树叶形状、颜色，试着摆在卡纸上，采用会意、夸张等手法表现一个主题。如果有需要也可以对叶子进行设计、修剪。（见图4-13）

③ 裁剪。把收集到的红色树叶剪成金鱼身体形状，类似爱心形。（见图4-14）

④ 固定。取叶片的时候最好用小镊子，轻拿轻放，用乳胶粘好。这一步最重要的是保持画面干净。（见图4-15）

图4-12 底面用纸

图4-13 构图

项目四 创意手工艺术

图 4-14 裁剪

图 4-15 固定

手工创意教程

子项目二：
橡皮图章

知识目标

1. 认识橡皮图章。
2. 了解橡皮图章的制作工具及材料。
3. 掌握橡皮图章制作的基本方法。

能力目标

1. 会欣赏橡皮图章艺术。
2. 学会雕刻橡皮图章。
3. 能在掌握橡皮图章技能的基础上大胆想象并造型，提高想象力和创造力。

项目分解

任务一：橡皮图章艺术欣赏
任务二：认识橡皮砖
任务三：橡皮图章的制作材料及工具
任务四：美丽的蝴蝶

任务一
橡皮图章艺术欣赏

提起橡皮图章，你可能会有这样的经历：拿块橡皮，用把小刀，削啊刻啊，或者在橡皮的一面随意刻画，这就是我们今天要学习的橡皮图章艺术。因为材质的关系，橡皮图章的雕刻时间要比石刻、木刻短很多，在课堂上能够轻松完成，橡皮图章的雕刻也不需要复杂的技巧，几乎人人可轻易上手，其雕刻内容也更加丰富、随意。在开始制作之前，我们先来欣赏一下吧！（见图 4-16、4-17）

在小小的橡皮砖上刻上你喜欢的图案，印在明信片上，寄给你的朋友吧！

图 4-16　橡皮图章欣赏 1

项目四 创意手工艺术

图 4-17 橡皮图章欣赏 2

任务二
认识橡皮砖

想要制作橡皮图章，首先就要认识橡皮砖。由于我们平时使用的普通橡皮尺寸不够大、软硬度不均等，不是很适合用来雕刻，因此手刻橡皮图章需要使用专门的雕刻橡皮砖。目前常见的专门用于雕刻的橡皮砖可分为四大类。

一、"大白"砖

刚学橡皮图章雕刻的人，通常选择使用纯白色橡皮砖，俗称"大白"。"大白"是纯白色的长方形橡皮砖，一般有15 cm*20 cm*0.8 cm、15 cm*10 cm×0.8 cm、10 cm*10 cm*0.8 cm 这几种规格，在制作橡皮砖的时候也可以根据自己需要的大小进行切割。还有一些圆形的橡皮砖，直径一般有2.5 cm、3.8 cm、5 cm 这几种尺寸。（见图4-18）

"大白"具有细腻、光滑、手感好的特点，材质软硬度适中，不累手，非常适合新手入门使用。

图4-18 "大白"砖

二、日本进口雕刻橡皮砖

日本进口雕刻橡皮砖上下颜色与中间颜色不同（见图4-19），尽管在品质上比国产的好，但是价格昂贵，对于学生一族来说，长期使用负担会较重。

项目四　创意手工艺术

图 4-19　日本进口雕刻橡皮砖

三、"夹心"砖

"夹心"砖是国内推出的一种仿日本产品的双色砖。双色砖有两种：第一种砖的表层颜色与下面颜色不同，一般砖的表层几毫米是彩色，下面仍是白色；第二种中间是彩色，上下几毫米均是白色（见图4-20）。此种"夹心"砖在雕刻时便于分辨阴阳线条，成品效果十分绚丽美观。

图 4-20　"夹心"砖

"夹心"砖又分为可揭夹心橡皮砖与不可揭夹心橡皮砖。两者各有千秋：可揭橡皮砖留白会比较平整美观（见图4-21），只适用于比较简单的图案的雕刻；不可揭橡皮砖的雕刻细节比可揭橡皮砖完美，同样大小尺寸的橡皮砖可揭橡皮砖价格略高，一般要5元以上。

图 4-21　可揭夹心橡皮砖

四、"卖萌"砖

"果冻"砖和"凉粉"砖因为颜色像色卡一样很漂亮，很萌，所以在业内也被称为"卖萌"砖（见图4-22）。这两种橡皮砖材质比普通橡皮砖稍硬，雕刻起来比普通橡皮砖难度略大些，但是刻出来的成品比普通橡皮砖更好保存。刚开始学习橡皮砖雕刻的人不建议使用此种砖。

图 4-22　"卖萌"砖

在学习橡皮章制作之前，我们还需要了解橡皮章有阳刻和阴刻之分。阳刻即所要的图案凸出，其他地方需要挖掉留白（见图4-23）。阴刻即所要的图案是凹下去的，其他地方凸出（见图4-24）。

图 4-23　阳刻　　　　　图 4-24　阴刻

一、橡皮图章制作材料

根据上面介绍的几种橡皮砖的特性，本书推荐和使用的主要是软硬度适中，雕刻时便于分清阴阳线，成品又美观的不可揭夹心橡皮砖。

二、橡皮图章制作工具

**任务三
橡皮图章的制作材料及工具**

橡皮图章制作所需主要工具有以下几种。

1. 刀具（图 4-25，4-26，4-27）

（1）笔刀：即笔式美工刀，刀尖有多种角度可选择，是雕刻橡皮图章的基本工具。

（2）丸刀和角刀：我国没有专门的橡皮图章刻刀，所使用的均是木刻刀。丸刀也叫圆刀，即刀口呈"U"形的刻刀，角刀即刀口呈"V"形的刻刀。圆刀和角刀的主要作用是挖除留白，圆刀铲大片，角刀清小角落。使用笔刀也可以挖除留白，但是做起来有些麻烦。角刀除了能挖除留白，还可以刻细线条等。

（3）平刀和斜刀：也是木刻刀中的两种。平刀主要用于留白，斜刀只有45度角不太好用，完全可以被笔刀代替。

（4）印刀曲：主要用于平留白。

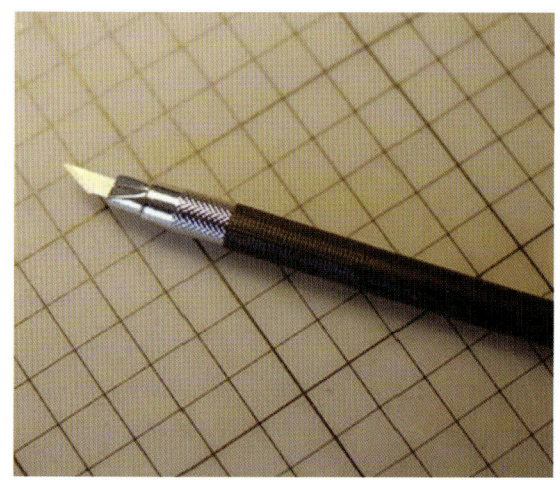

图 4-25 笔刀

图 4-26 印刀曲

图 4-27 木刻刀

2. 描图纸

描图纸即硫酸纸,市面上很容易买到。它主要是用来把图案转印到橡皮砖上。另外,现在新推出的洗甲水也可以将普通纸上的图案转印至橡皮砖上。

3. 铅笔

描图用的笔一般是 HB 铅笔或 HB 自动铅笔,它们是最容易拓印到橡皮砖上的。

4. 印台

印台有纯色和渐变色,可根据个人喜好进行选择。印章刻完后需要试印,然后根据印出的图案调整不到位的地方。修改完成后就可以用各种颜色进行拓印了。

项目四　创意手工艺术

任务四
美丽的蝴蝶

◎ **任务目的**

主要用笔刀和平刀来雕刻橡皮图章。

◎ **任务内容**

1. 图案的转印。
2. 蝴蝶轮廓的雕刻。
3. 空白地方的处理。

◎ **任务实施**

① 选好图案，用硫酸纸把图案描下来，描图时请使用铅笔或自动铅笔。（图1）

② 把硫酸纸上有图的那面朝下，盖在橡皮上，用指甲、硬币、笔帽等东西在上面反复轻轻刮几次，就把图样反印到橡皮上了。如果有印得不清晰的地方，可以用铅笔在橡皮上面轻描一下。（图2）

③ 开始动手刻了。先刻最外圈轮廓，刻刀沿轮廓线向外倾斜45度（图3），然后在轮廓外边空白3~5mm的地方下刀，向内倾斜（图4）。这样就刻了一条V字形的沟，把沟里的橡皮挖出来。

④ 刻轮廓的内部，刀头向内倾斜45度，用同样的方法，刻一条"V"字形的沟。总之就是在铅笔线条的内外两侧，分别刻出一条"V"字形的沟出来，使轮廓凸现出来（图5）。

⑤ 图案外部大面积的空白，使用平刀铲干净。（图6）

⑥ 用橡皮泥把图案上的铅笔印擦干净。（图7和图8）

⑦ 盖章试印。印的时候把印泥均匀地拍打在橡皮章表面，适度用力按压，不可太过用力，避免橡皮变形，根据印出来的图案再进行修改调整。（图9）

⑧ 雕刻完成，可以随意印出美美的地图案啦！（图10）

以上流程如图4-28所示。

手工创意教程

图 4-28 蝴蝶的制作流程

项目四　创意手工艺术

子项目三：
纱线艺术

知识目标

1. 认识纱线艺术。
2. 了解纱线艺术制作的工具及材料。
3. 掌握纱线艺术制作的基本方法。

能力目标

1. 会欣赏纱线艺术。
2. 会绕线并制作纱线画。
3. 能在掌握绕线技能的基础上大胆想象并造型，提高想象力和创造力。

项目分解

任务一：纱线艺术欣赏
任务二：纱线艺术制作的材料及工具
任务三：纱线艺术制作的基本技能
任务四：幸运四叶草

任务一
纱线艺术欣赏

从国外流行开来的 String Art 手工艺术，由于"String Art"这个词目前并没有确切的中文意思，而且它所使用的材料主要是钉子和毛线，所以被国人称为"钉子画"或"纱线艺术"。纱线艺术可以算作是钉子艺术与毛线艺术的结合，近几年才在国内盛行。

图 4-29 是佛坪县合作伙伴陕西希荣信实业发展有限公司利用废旧毛线、钉子等创作的《佛坪大熊猫》，作品长 2.36m、宽 3.68m，成为世界上最大的钉子毛线"熊猫画"，也创下了佛坪县的首个世界纪录。整幅作品共用 1 万多米黑、白色毛线和若干铁钉等废旧材料，创作以黑色为底色，一只可爱的大熊猫头像凸现其上，眼眸温和灵动，在翠竹、草地的掩映下，格外清新逼真。

图 4-29　佛坪大熊猫

学习拓展（中国结）

图 4-30 是乌克兰艺术家 Zenyk Palagniuk 用钉子和 24km 长的毛线，创作出的美国明星贾斯汀的肖像。整幅作品利用毛线，沿着钉子勾勒出人物的五官和外貌，通过毛线的疏密变化来表现深浅、阴影等细节，使得人物作品惟妙惟肖，每一个细节都显得那么真实！

图 4-30　贾斯汀肖像

钉子遇到毛线会碰撞出什么样的火花呢？这节课我们就来学习纱线艺术，这种艺术对材料和技法的要求并不高，入门快。你所要做的就是随意 DIY，让自己在艺术的世界里尽情徜徉！如图 4-31 是钉子遇到毛线的优秀作品。

项目四 创意手工艺术

图 4-31 纱线优秀作品

任务二 纱线艺术制作的材料及工具

一、纱线艺术制作材料

纱线艺术对材料的要求并不高，你只需要准备一堆钉子、一些毛线和一块木板，这些材料不一定要购买，家里长辈织毛衣剩下的毛线团，生活中废弃的小木板都可以为我们所用。如果找不到，市面上也很容易买到这些材料。（见图4-32）

图4-32 纱线艺术制作材料

二、纱线艺术制作工具

纱线艺术制作的主要工具有：

（1）锤子：主要用来往木板上钉钉子。

（2）剪刀：主要在收尾打结或者换线时候修剪线头。

（3）木柄锥子：把图形拷贝到木板上时扎眼儿用。

除此以外，还有一些可有可无的辅助性工具，如既能保证不砸到手，又能使钉子高度一致的钉钉子神器，收尾打结用的钩针等。

纱线画总体上可以分为实心画和空心画两种。不管是实心画还是空心画，毛线的常见绕法有三种。

任务三 纱线艺术制作的基本技能

一、对角绕法

特点：疏密有致，有层次感。（见图4-33）

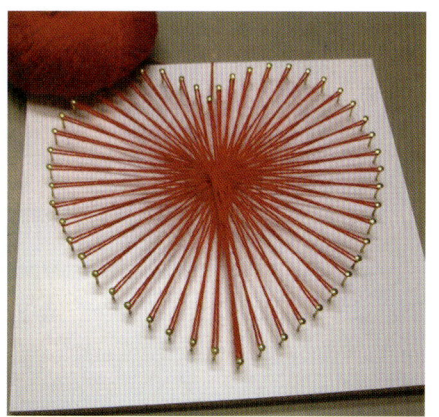

图4-33 对角绕法

二、平行绕法

特点：工整，简洁，条理清晰。（见图4-34）

图4-34 平行绕法

三、随意绕法

特点：错综繁杂，更耐人寻味。（见图 4-35）

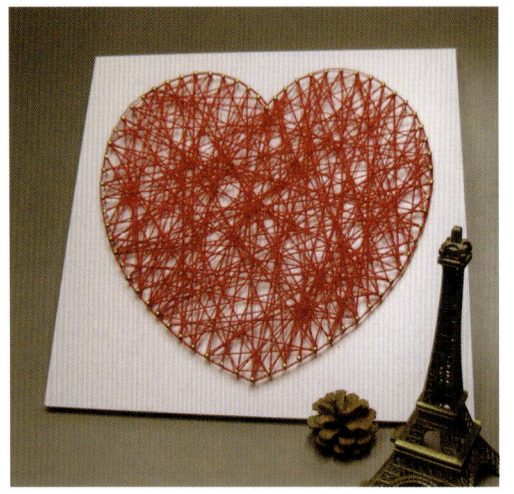

图 4-35　随意绕法

另外，纱线画的创作方法也不是单一的，可以分为空心和实心两种。空心就是把图形以外的地方用毛线缠绕起来，图案则以空白的形式展现出来；实心刚好相反，所要图案以毛线缠绕的方式展现，其他地方空白。（见图 4-36、4-37）

图 4-36　空心

图 4-37　实心

任务四
幸运四叶草

◎ 任务目的

用不同的绕法分层次制作四叶草。

◎ 任务内容

1. 扎眼儿钉钉子。
2. 绕叶柄和叶子。

◎ 任务实施

① 作图。在纸上画出自己需要的图案，或者在网上找到自己喜欢的图形直接打印出来。图 4-38 所示图案为四叶草，每个小叶瓣上计划钉 34 个钉子，用笔在需钉钉的地方做上记号。

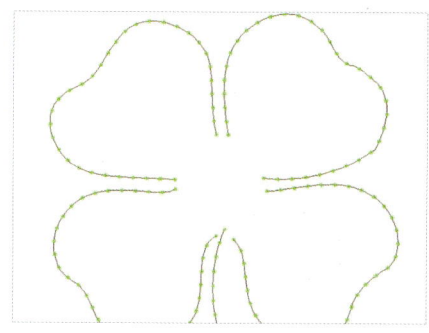

图 4-38　作图

② 扎眼儿。把图案粘贴在木板上，用锥子在做记号的地方扎眼儿，使木板上的眼儿呈现出所要的图案。（见图 4-39）

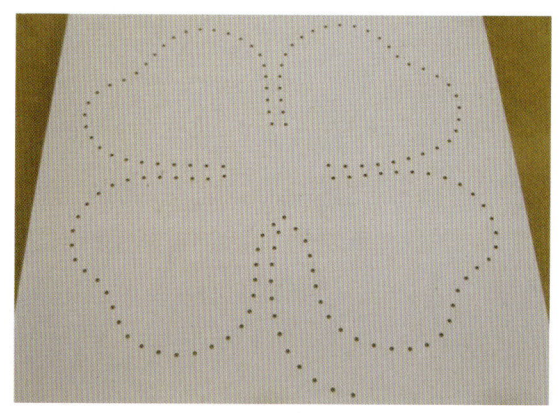

图 4-39　扎眼儿

③ 钉钉子。根据锥子扎眼儿的位置钉钉子，并且准备好三种不同绿色的毛线。（见图4-40）

图 4-40　钉钉子

④ 绕叶柄。用中间色的毛线在叶柄第一颗钉子上打结，然后按照1—3—2—4—3—5—4—6—5—7这样的规律绕到叶柄的最下端，在最后一颗钉子处打好结，叶柄的制作就完成了。（见图4-41）

图 4-41　绕叶柄

⑤ 绕第一层毛线。找出最浅色的毛线，在任意一个叶片的第一颗钉子处打结，连到对角上的那颗钉子上，就这样把第一层叶片绕完。（见图4-42）

项目四　创意手工艺术

图 4-42　绕第一层毛线

⑥ 绕第二层毛线。找出深一点颜色的毛线，在任意一个叶瓣的第一颗钉子处打结，连到第十八颗钉子上，按照 1-18，2-19，3-20 这样的规律绕到最后一颗（第 34 颗钉子）处收尾打结，其他三个叶瓣用同样的绕法完成。（图 4-43）

图 4-43　绕第二层毛线

⑦ 绕第三层毛线。找出最深颜色的毛线，在任意一个叶瓣的第一颗钉子处打结，连到第十三颗钉子上，按照 1-13，2-14，3-15 这样的规律绕到最后一颗（第 34 颗钉子）处收尾打结，其他三个叶瓣用同样的绕法完成，整个纱线画就制作完成了。（见图 4-44）

图 4-44　绕第三层毛线

学习拓展（壁挂）

手工创意教程

子项目四：
变废为宝

任务一
变废为宝艺术欣赏

知识目标

1. 认识废旧物品再利用。
2. 了解废旧物改造的方法。

能力目标

1. 会欣赏废旧物品改造的艺术品。
2. 会动手进行废旧物品改造。
3. 能在废旧物品改造的过程中提高想象力和创造力。

项目分解

任务一：变废为宝艺术欣赏
任务二：欣赏学习冰棒棍DIY
任务三：欣赏学习蛋壳手工制作

地球是人类共同的家园，保护环境是我们义不容辞的责任，更是环境保护与资源可持续发展的重要力量。有这么一句话"垃圾，是放错位置的资源"。生活中存在着大量我们看起来已经不能用的或者被我们视为废品的东西，如果用完后对这些东西处理不当就会对自然生态造成破坏。我们普通人眼中寒碜的垃圾到了艺术家手里也许就会变成时尚的艺术品。随着环保理念的深入，越来越多的"垃圾"受到艺术家的青睐，无论是废报纸、饮料瓶、轮胎还是鸡蛋包装盒等，都能在艺术家的奇思妙想下180度大变身，成为时尚、个性的艺术品或生活用品。我们赶紧来欣赏一下吧！（见图4-45，4-46，4-47，4-48）

图 4-45　塑料瓶大变身

项目四 创意手工艺术

图 4-46 轮胎大改造

图 4-47　破旧牛仔裤 DIY

图 4-48　废旧报纸的再利用

项目四　创意手工艺术

任务二
欣赏学习冰棒棍 DIY

一、冰棒棍艺术品欣赏

炎热的夏天，很多人都喜欢吃冰棒，吃完后冰棒棍基本是随手扔掉。其实被我们扔掉的冰棒棍是很多独特艺术品的灵感来源呢，吃完后可千万不要随手丢弃了。下面我们就先来欣赏一下冰棒棍做出的各种漂亮工艺品和生活用品吧。（见图4-49到4-53）

图 4-49　冰棒棍制作的竹简

图 4-50　冰棒棍制作的笔筒

图 4-51　冰棒棍制成的工艺品

图 4-52　冰棒棍制作的小挂件 1

图 4-53　冰棒棍制作的小挂件 2

二、冰棒棍 DIY——花瓶

欣赏完冰棒棍做出的各种工艺品,你会发现平时被我们丢弃的不起眼的小东西,通过我们充满创意的头脑,在彩笔、剪刀、胶水、棉线的帮助下,原来有这么多的用处。还等什么?快来学习如何制作吧!

图 4-54 所展示的花瓶是手工 DIY 爱好者根据上海世博会上中国馆的建筑风格,利用冰棒棍制作的迷你版中国馆造型特色花瓶,即时尚美观又低碳环保。

图 4-54　冰棒棍花瓶

1. 准备材料

(1)冰棒棍:把平时吃冰棒的棍收集起来就可以,注意要是一样的。

(2)木工乳胶:使用专门粘木质材料的胶,可以使冰棒棍粘得更牢固。

2. 制作方法

第一步:先拿出 4 根冰棒棍按井字形摆好,并用乳胶粘牢固。(见图 4-55)

第二步:从第二层开始,每一层的冰棒棍摆放的时候都往外扩一点,让中间的口儿比上一层大一些,然后用乳胶粘好。

根据所需花瓶的大小，来确定粘贴的层数，一般粘到8层左右。（见图4-56）

第三步：按照上面的步骤，用冰棒棍制作一个同样高度的扩口花瓶组件。（见图4-57）

第四步：把两个扩口组件的大口相对，用乳胶粘好，DIY花瓶就做好了。（见图4-58）

第五步：在花瓶里插上假花或者自己亲手制作的手工花，看起来很美吧！（见图4-59）

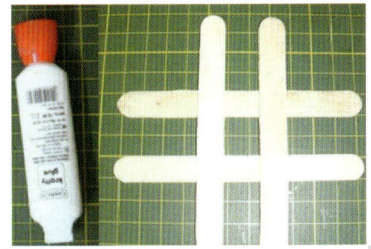

图4-55　井字形

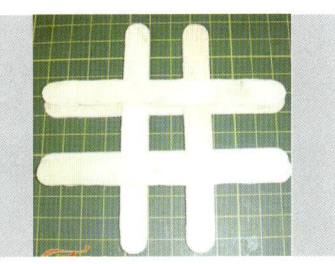

图4-56　加层

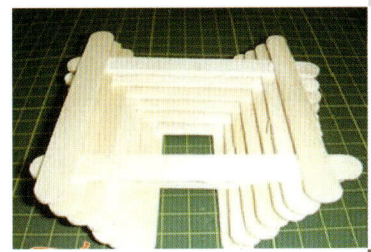

图4-57　扩口花瓶组件

图4-58　两个扩口组件

图4-59　插上花

任务三 欣赏学习蛋壳手工制作

一、蛋壳艺术品欣赏

鸡蛋是我们生活中最常见的食物之一，大多数人食用完鸡蛋后都是将蛋壳随意丢弃。在倡导节能环保的今天，越来越多的人喜欢上旧物改造、变废为宝。鸡蛋作为家家户户几乎每天都使用的食材，常常被穿上外衣，制成美丽的蛋壳画、彩蛋等手工艺品，为我们的家里增添一抹亮丽的色彩。（见图4-60，4-61，4-62）

图4-60　蛋壳制成的工艺品

图4-61　蛋壳画

图4-62　壳雕

项目四　创意手工艺术

小巧又极易破碎的蛋壳，要在上面雕刻逼真的图案，其难度可想而知。图 4-62 中毫发毕现、生动传神的壳雕作品出自我国王金义老先生之手。1998 年上海大世界基尼斯将其"绝活儿"收入纪录——盘旋飞舞的巨龙、高耸入云的巴黎铁塔……这些在厚度仅有 0.2mm 的鸡蛋壳上雕刻而成的艺术作品，很多人用手摸一摸才相信。

二、蛋壳 DIY——相框

手工制品因其耗费时间长，而且凝聚了制作者的创意和灵感，所以显得特别珍贵，受到追求个性和崇尚自然的人们的喜爱。下面，我们就一起来看看手工制作鸡蛋壳相框的方法步骤吧！

1. 准备材料

（1）硬纸板：瓦楞纸一类的硬纸板或者薄一点的木板都可以。

（2）蛋壳：尽量收集干净、完整的蛋壳，容易涂颜料。

（3）颜料：选用丙烯颜料（不易掉色），准备自己喜欢的颜色。

（4）剪刀：裁剪相框的形状用。

（5）胶水：用来粘贴硬纸板和蛋壳。

2. 制作方法

（1）剪两块同样大小的硬纸板，一块做底板，一块中间挖空。大小尺寸可按图中（26 cm*21 cm，13 cm*18 cm）裁剪，也可根据实际需要进行裁剪。（见图 4-63）

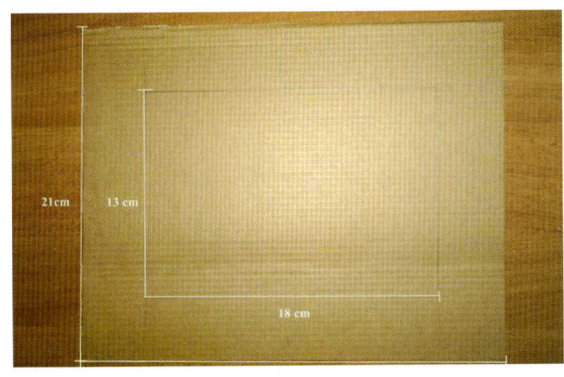

图 4-63　裁剪硬纸板

（2）剪支架。根据相框的大小剪一个合适的支架。一端剪出 3~4 cm 的角，另一端折起来 2 cm。（图中大小为 17 cm*7cm）（如图 4-64 所示）

图 4-64　剪支架

（3）剪三块硬纸板，图中大小分别是 4 cm*26 cm 一张，4 cm×17 cm 两张。然后按照图上摆放的位置粘在底板上，再将第一步剪好的完整的外框粘在最上层。（见图 4-65）

图 4-65　黏贴纸板

（4）三层夹板的硬纸板做完后，剪出同等厚度的纸板，包住相框外围。（见图 4-66）

图 4-66　相框外围

（5）粘好支架。（见图4-67）

图4-67　粘好支架

（6）在纸板上涂上喜欢的颜色。（见图4-68）

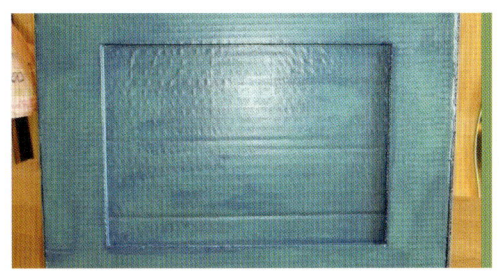

图4-68　涂上颜色

（7）在鸡蛋壳上涂上颜色，压碎成小片，把碎蛋壳拼贴在相框的外框上，贴出美丽的碎蛋壳纹。（见图4-69）

图4-69　贴蛋壳

（8）作品完成。（见图4-70）

图4-70　相框制作完成

打造学术精品　服务教育事业
河南大学出版社
读者信息反馈表

尊敬的读者：

感谢您购买、阅读和使用河南大学出版社的_____一书，我们希望通过这张小小的反馈表来获得您更多的建议和意见，以改进我们的工作，加强我们双方的沟通和联系。我们期待着能为您和更多的读者提供更多的好书。

请您填妥下表后，寄回或发 E-mail 给我们，对您的支持我们不胜感激！

1. 您是从何种途径得知本书的：
　　□书店　□网上　□报刊　□图书馆　□朋友推荐

2. 您为什么决定购买本书：
　　□工作需要　□学习参考　□对本书感兴趣　□随便翻翻

3. 您对本书内容的评价是：
　　□很好　□好　□一般　□差　□很差

4. 您在阅读本书的过程中有没有发现明显的专业及编校错误，如果有，它们是：
_____
_____
_____

5. 您对哪一类的图书信息比较感兴趣：_____
_____

6. 如果方便，请提供您的个人信息，以便于我们和您联系（您的个人资料我们将严格保密）：
　　您供职的单位：_____
　　您教授的课程（老师填写）：_____
　　您的通信地址：_____
　　您的电子邮箱：_____

请联系我们：

电话：0371-86059712　0371-86059713　0371-86059715

传真：0371-86059713

通讯地址：河南省郑州市郑东新区 CBD 商务外环路商务西七街中华大厦 2412 室

河南大学出版社高等教育与职业教育出版分社